Notas de fe sobre el Nuevo Testamento

INTIMIDAD

Un comentario bíblico
de

1, 2 Y 3 JUAN

Dr. Thomas L. Constable

AUTHENTICITY
BOOK HOUSE

Authenticity Book House
c/o Proven Way Ministries
The Hope Center
2001 W. Plano Parkway, Suite 3422
Plano, TX 75075

Intimidad: Un comentario bíblico del libro de 1, 2 y 3 Juan
Notas de Fe del Nuevo Testamento
Copyright © 2003, 2014, 2015 by Dr. Thomas L. Constable

ISBN: 978-0-9883968-7-6

Traducido al español por Gary Son and Sonia Soto del libro *Intimacy: A Biblical Commentary on 1, 2 & 3 John* by Dr. Thomas L. Constable

AUTHENTICITY
BOOK HOUSE

Publicado por Authenticity Book House

Impreso en los Estados Unidos de América

10 9 8 7 6 5 4 3 2 1

TABLA DE CONTENIDOS

PRIMER LIBRO – 1 JUAN

SEGUNDO LIBRO – 2 JUAN

TERCER LIBRO – 3 JUAN

PRIMER LIBRO
1 JUAN

INTRODUCCIÓN

Trasfondo histórico

Esta epístola no incluye el nombre del escritor, pero desde los inicios de su historia la iglesia creyó que el apóstol Juan la escribió. Algunos escritores antiguos se refirieron a este libro como el escrito de Juan[1]. Aunque críticos modernos han desafiado esta opinión, no la han destruido.

Tampoco hay ninguna referencia a los primeros destinatarios de esta epístola ni dónde vivían; solamente dice que eran cristianos (2:12–14, 21; 5:13). Tal vez eran los líderes de algunas iglesias (2:20, 27). Según la tradición primaria de la iglesia, Juan sirvió como ministro en Éfeso, la capital de la provincia romana de Asia, muchos años después de que salió de Palestina. Sabemos por medio del Apocalipsis que Juan conocía bien a los cristianos y las iglesias en aquella provincia romana. Tal vez sus lectores vivían en aquella provincia.

Los falsos maestros y las falsas enseñanzas a los cuales se refiere, sugieren que Juan escribió acerca de condiciones que existían en Asia: el judaísmo, el gnosticismo, el docetismo, las enseñanzas de Cerintos (un gnóstico prominente) y otros[2]. Estas filosofías se extendían más allá de Asia, pero estaban presentes en ese lugar durante la vida de Juan.

Este libro es uno de los más difíciles del Nuevo Testamento hasta hoy. Una de las pocas referencias en el libro que nos puede ayudar a fecharlo es 2:19. Si Juan quería decir que los falsos maestros se habían apartado de entre los apóstoles, una fecha de los

---

[1] P. ej., Irenaeus, Clement de Alexandria y Tertullian.
[2] Explicaciones de estos seguirán en la exposición.

60s parece posible. Esto lo pondría cerca del 60–65 d. de J.C., antes de las rebeliones judías del 66–70 que diseminaron a los judíos de Judea. En este caso, Juan pudo haber escrito desde Jerusalén[3]. Sin embargo muchos eruditos conservadores creen que Juan escribió esta epístola más tarde. Sugieren entre aproximadamente el 85 y el 97 d. de J.C., cuando él evidentemente escribió el Evangelio según San Juan (aprox. 85–95 d. de J.C.) y el libro de Apocalipsis (aprox. 95–96 d. de J.C.)[4]. Yo prefiero una fecha en los 90s después de la escritura del Evangelio de Juan que 1 Juan parece asumir[5]. En vista de la naturaleza y de la conclusión del libro de Apocalipsis, el cual parece ser la palabra final de Dios para la humanidad, yo creo que Juan probablemente escribió sus epístolas antes de ese libro. Así que una fecha para 1 Juan a principios de los 90s, 90–95 d. de J.C., me parece más probable[6].

Debido a que Juan sirvió luego como ministro en Éfeso y en sus alrededores parece que lo más probable es que escribiera esta epístola desde ese lugar[7].

> El escritor de 1 Juan se dirigía pues a una comunidad que consistía de algunas iglesias en casas en Éfeso y en sus alrededores…, las cuales estaban divididas de tres maneras. Consistían de: (*a*) cristianos juaninos que eran consignados al evangelio apostólico de Jesús como lo habían recibido; (*b*) miembros de trasfondo judío inclinados a la herejía; (c) adherentes heterodoxos de una experiencia helenística

---

[3] Ver Zane C. Hodges, *"1 John"*, en *The Bible Knowledge Commentary: New Testament*, p. 882.

[4] P. ej., B. F. Westcott, *The Epistles of St. John*, pp. xxx-xxxii; y F. F. Bruce, *The Epistles of John*, p. 31.

[5] Cf. Stephen S. Smalley, *1, 2, 3 John*, pp. xxii, xxxii.

[6] Ver Donald Guthrie, *New Testament Introduction*, 3:205, 206.

[7] Ver D. Edmond Hiebert, *An Introduction to the New Testament*, 3:191–197.

(y/o pagana). Los problemas relacionados con los dos grupos 'heréticos', (*b*) y (*c*), eran primariamente teológicos y (por extensión) éticos; aunque dificultades relacionadas referentes a la escatología y la neumatología pudieron haber estado presentes también (vea 2:18 y 4:1).

Para completar la escena, se debe tomar nota de que la vida de la comunidad juanina se caracterizó por la presencia de un cuarto grupo: los secesionistas. Mientras que los miembros de los primeros tres grupos se podían hallar entre el círculo de Juan, los secesionistas anticristianos habían empezado a romper con él. Estos eran adherentes a la comunidad juanina inclinados a la herejía. En algunos casos tal vez eran creyentes sinceros, aunque estaban mal informados. Pero en otros casos quizá jamás pertenecieron debidamente a la iglesia de Juan (aunque pensaron que pertenecían), porque en verdad no pertenecían a Dios (Ver 1 Jn. 2:18, 19; cf. también 2:22, 23)[8].

Mensaje[9]

Si yo resumiera el mensaje de esta epístola en una sola oración, sería así: La comunión con Dios es la esencia de la vida eterna.

Tanto el evangelio de Juan como la primera epístola de Juan tratan sobre la vida eterna. Juan escribió su evangelio para que sus lectores creyeran que Jesús es el Cristo y para que ellos al creer tuvieran vida por su nombre (Juan 20:31). Juan escribió

---

[8] Smalley, p. xxiv.

[9] Adaptado de G. Campbell Morgan, *Living Messages of the Books of the Bible*, 2:2:176–193.

esta epístola a los cristianos para que entraran en la plenitud de la vida eterna que poseían (1 Jn. 1:3; Jn. 10:10). Sin embargo el tema de esta carta no es la vida eterna, sino la comunión con Dios. La comunión con Dios es la esencia de la vida eterna (1:2–4; Jn. 17:3). Juan evidentemente escribió esta epístola cerca del 90-95 d. de J.C. desde Éfeso.

Esta epístola salió del discurso de Jesús en el aposento alto (Jn. 14–17). De la misma manera que la epístola de Santiago salió de las palabras de Jesús en el Sermón del Monte y el Apocalipsis salió del discurso en el monte de los Olivos (Mt. 24–25). En el discurso del aposento alto, Jesús les explicó a sus apóstoles cómo sería su relación con Dios después de que él les enviara al Espíritu Santo para que morara en ellos (Jn. 14:16, 17). Juan expuso esa revelación en esta carta.

Hay algunos términos en esta epístola que Juan usó como sinónimos: comunión con Dios, el conocer a Dios y permanecer en Dios. Todos estos términos describen la experiencia de los cristianos. Todos describen nuestra relación con Dios como más o menos íntima (profunda).

Nuestra relación con la gente varía. Es una relación más o menos íntima (profunda).

También la comunión con Dios es un asunto de más o menos intimidad (profundidad). Cuando hablamos de estar "en comunión" o "fuera de comunión", simplificamos demasiado nuestra relación con Dios.

El propósito de Juan al escribir fue motivar a sus lectores para que cultivaran más la intimidad con Dios. Mientras mayor sea la intimidad, mayor será nuestra "comunión". "Conocemos" más a Dios por medio de la experiencia y "permanecemos" más cerca de él (cf. Jn. 14:21-24). Mientras mayor sea nuestra intimidad con Dios experimentaremos más la vida que es eterna. Todo cristiano posee vida eterna, pero no todo cristiano experimenta esa vida como Dios se había propuesto que la disfrutáramos (Jn. 10:10). Similarmente todos los seres humanos tienen vida, pero no todos viven una vida de abundancia.

Esta carta revela dos cosas acerca de la vida en comunión. Primero, revela los recursos de esta vida. Hay dos recursos: El primero es objetivo. Dios ha provisto un modelo para la vida en comunión. El modelo es Cristo Jesús. En Cristo tenemos dos cualidades personificadas que son características de Dios que también nos deben caracterizar como hijos de Dios.

La primera de estas es la luz. Cristo Jesús constantemente andaba en la luz de la santidad de Dios (1:5, 6; 2:6). Él nunca se escondió de Dios. También se conformó perfectamente a la luz de la voluntad de Dios. Él era sumiso, sin pecado, puro y consagrado.

El segundo de estos recursos es el amor. Jesús también continuamente manifestaba el amor de Dios (4:10). En sus actitudes y sus hechos siempre demostraba el amor perfecto. Sus palabras y sus acciones eran una revelación del amor de Dios. Jesús pensó más en otros que en sí mismo. Era altruista además de santo.

El segundo recurso de la vida de comunión es subjetivo. Dios no solamente ha provisto un modelo para la vida de comunión, también ha provisto el poder. Cristo Jesús no es sólo un modelo externo para que lo imitemos. Más servicialmente él es un poder interno, al cual Dios ha puesto en nosotros y que trabaja en nuestra vida. Con la vida eterna recibimos a Jesús (5:11, 12). Con él vienen dos cosas.

Primero, recibimos luz. Vemos cosas espirituales que jamás vimos antes (2:20). Vemos cómo debemos andar (2:27). Nos hacemos sensibles al pecado.

Segundo, recibimos amor. Vemos la necesidad de los que caminan a tientas en la oscuridad, y deseamos alcanzarlos al servirles y conducirlos hacia la luz (4:7). Tan pronto como compartimos de la vida de Dios empezamos a amar con el amor de Dios. Podemos reprimir el amor, pero cada persona que tiene vida eterna tiene el amor en sí mismo.

Para repasar, esta carta revela dos cosas sobre la vida de comunión: la primera es los recursos de esta vida, los cuales son un modelo externo y un poder interno. Los dos vienen por medio de Cristo Jesús.

Segundo, esta carta revela los valores de la realización de esta vida. También estos son dos.

Primero, hay un valor para nosotros. Este valor es que realicemos la vida como Dios se propuso que la gente la viviera. Podemos experimentar la vida como Dios tuvo el propósito cuando primeramente hizo al hombre. Llevamos a cabo nuestro potencial como seres humanos hasta el grado en que andemos en comunión con Dios (es decir, permanecer en él). Nuestra intimidad con Dios perfecciona (completa) nuestra personalidad.

Segundo, hay un valor para Dios. Dios disfruta la comunión con el hombre. El propósito de Dios en la creación y en la redención fue tener comunión con el hombre. A través de cada persona que anda en comunión con Dios, él se puede manifestar a sí mismo; es un instrumento a través del cual Dios puede lograr sus propósitos. El creyente que permanece les revela a Dios a aquellos que están a su alrededor.

Juan también les rogó a sus lectores que cumplieran sus responsabilidades en la vida de comunión.

Con respecto a la luz tenemos dos responsabilidades:

Primero, debemos obedecer la luz (1:7). Esto significa reaccionar de acuerdo con el conocimiento de la voluntad de Dios que obtengamos. Podemos endurecernos contra la verdad. Esto es un peligro especial en una institución teológica. Cultive usted su relación con Dios diariamente. Todos necesitamos seguir quitando la maleza de los jardines de nuestra vida espiritual.

Segundo, debemos buscar la luz (1:9). Necesitamos abandonar la oscuridad del pecado y seguir andando en la luz. El círculo de la luz de Dios se puede mover. Tal vez adquirimos nuevo entendimiento de su voluntad. Cuando esto pasa, necesitamos entrar en esa luz en obediencia.

Con respecto al amor, también tenemos dos responsabilidades:

Primero, debemos rendirnos a su impulso. Podemos destruir nuestra capacidad para amar por no reflejar el amor cuando Dios nos inspira a hacerlo. Podemos perder nuestra pasión por los perdidos por resistir los impulsos del Espíritu Santo para servir en amor. Necesitamos estar dispuestos a sacrificar más que a buscar nuestros propios intereses. Sin embargo, si nos rendimos al impulso del amor para servir a los demás, nuestro amor profundizará y se intensificará. No apague el Espíritu si lo impulsa a servir en amor.

Segundo, también debemos guardar la pureza del amor. Necesitamos cuidarnos del amor falso. El amor verdadero nunca compromete los principios. Dios jamás amó comprometiendo la luz. El amor nunca justifica el pecado.

En conclusión, note usted dos aplicaciones del mensaje de esta epístola: una para el individuo y una para la iglesia.

Primero, permítame hacer una aplicación para el individuo. Podemos examinar fácilmente si estamos viviendo en comunión con Dios. Verifiquemos la luz y el amor en nuestra vida. ¿Resplandece claramente la luz de la santidad, o andamos en las tinieblas? ¿Todavía arde brillantemente nuestro amor, o se ha deteriorado nuestra vida al nivel de sólo aprender? El aprendizaje es solo un medio hacia el fin que es vivir, vivir en comunión íntima con Dios. ¿Cómo quiere usted que la gente lo recuerde, por su conocimiento o por su amor?

Segundo, permítame hacer una aplicación para la iglesia. Necesitamos mantener nuestras prioridades de acuerdo con las de Dios. La intimidad es su meta para nosotros. Dios desea pocos discípulos dedicados (fieles, comprometidos) en vez de una multitud de discípulos deshonrados. Una iglesia pura es más importante que una iglesia grande. No se refrene usted de instar a la gente a que ande en la luz y en el amor para que aumente el número de su congregación. Haga usted un ruego tan amplio como sea posible sin comprometer el ministerio. Me refiero aquí al ministerio de la iglesia de capacitar a los santos. Al presentar el evangelio, debemos hacer un ruego tan amplio como sea posible.

Bosquejo

I. Introducción: Propósito de la epístola 1:1–4

II. Vivir en la luz 1:5–2:29

    A. Dios como luz 1:5–7

    B. Condiciones para vivir en la luz 1:8–2:29

        1. Renunciar al pecado 1:8–2:2

        2. Obedecer a Dios 2:3–11

        3. Rechazar la mundanalidad 2:12–17

        4. Guardar la fe 2:18–29

III. Vivir como hijos de Dios 3:1–5:13

    A. Dios como el Padre 3:1–3

    B. Condiciones de vivir como hijos de Dios 3:4–5:13

        1. Reafirmación: Renunciar al pecado 3:4–9

        2. Reafirmación: Obediencia a Dios 3:10–24

        3. Reafirmación: Rechazar la mundanalidad 4:1–6

        4. Practicando el amor 4:7–5:4

        5. Reafirmación: Guardar la fe 5:5–13

IV. Conclusión: Confianza cristiana 5:14–21
   A. Confianza en acción: Oración 5:14–17
   B. Certeza del conocimiento: Seguridad 5:18–20
   C. Una advertencia final: Idolatría 5:21

Otro bosquejo que capta el modelo cíclico del pensamiento (la intención) de Juan es el siguiente[10].

I. Prólogo 1:1–4

II. Primer ciclo 1:5–2:28
   A. La justicia 1:5–2:6
   B. El amor 2:7–17
   C. La confianza 2:18–28

III. Segundo ciclo 2:29–4:6
   A. La justicia 2:29–3:10a
   B. El amor 3:10b–24a
   C. La confianza 3:24b–4:6

IV. Tercer ciclo 4:7–5:12
   A. El amor 4:7–21
   B. La justicia 5:1–5
   C. La confianza 5:6–21

Los eruditos han luchado por determinar la estructura de esta epístola y han sugerido muchos bosquejos diversos de este libro[11].

---

[10] Adaptado de Robert Law, *The Tests of Life: A Study of the First Epistle of St. John*, pp. 1–24.

[11] I. Howard Marshall, *The Epistles of John*, pp. 22–27, reprodujo el bosquejo de siete eruditos influyentes más el suyo propio, los cuales difieren enormemente uno de otro.

EXPOSICIÓN

I. Introducción: Propósito de la epístola 1:1–4

Este escrito comienza sin ninguno de los rasgos característicos de una carta, como los que encontramos en 2 Juan y en 3 Juan. Debido a que la conclusión carece de cualquier rasgo característico de una carta, debemos concluir que este escrito no es tanto una carta como un sermón o alocución[12].

Juan comienza esta epístola explicándoles a sus lectores la razón por la que la escribe. Dice que escribe para que sus lectores disfruten la comunión con Dios que está disponible sólo para los que han visto a Dios. Explica que esta comunión presenta la realidad de la encarnación de Cristo Jesús y resulta en pleno gozo para los que la experimentan.

1:1

El "principio" (gr. *arche*) puede referirse al principio de todas las cosas (Jn. 1:1) o el principio de la creación (Gn. 1:1). También podría referirse al principio del ministerio de Jesús en la tierra (es decir, su encarnación Jn. 1:14), el principio de la experiencia de los lectores como cristianos, o el principio del Evangelio de Cristo. La última opción parece ser la más consistente con lo que Juan procede a decir acerca del principio (1 Jn. 2:7, 24; 3:11; cf. Mr. 1:1–4; Hch. 1:21, 22). El bautismo de Jesús, el inicio de su

---

[12] Ibid., p. 99.

ministerio público y su proclamación la cual había sido señalada desde el principio.

Los verbos de Juan indican un acercamiento progresivamente cercano al objeto de la investigación. La esencia de la comunión es una creciente intimidad. Nuestra comunión con Dios tiene que involucrar acercarse más a él y verlo más atentamente todo el tiempo para que sea una comunión genuina. Juan usó sus tres sentidos básicos para recalcar la realidad del objeto. Citó su experiencia personal y apeló a la evidencia empírica para apoyar la humanidad de Jesucristo (cf. Lc. 24:39). Algunos falsos maestros negaban su humanidad[13]. Ejemplos específicos de encuentro personal con Jesucristo habían dejado una continua impresión en Juan como se aclara en los tiempos verbales (perfecto en el texto griego).

Juan puede haber usado la conjugación verbal en la primera persona plural "nosotros" para representarse a sí mismo, o "nosotros" puede incluir a todos los cristianos. Sin embargo, parece ser que la conjugación "nosotros" representa a Juan y a los otros testigos oculares de Jesucristo. En esta epístola, Juan habló por otros además de por sí mismo, y trató de persuadir a otros creyentes de algo que no todos ellos habían experimentado o conocido (cf. Lc. 1:2).[14]

El "Verbo de vida" probablemente se refería al mensaje acerca de Jesucristo, a saber, el evangelio[15]. En su evangelio, Juan se refirió a Jesús como "el Verbo". La frase "Verbo de vida" es más probable que describa el mensaje acerca de la Persona que es y que personifica la vida (cf. v. 2; Fil. 2:16; Hch. 5:20). Juan probablemente habló de Cristo como "lo que" en vez de "Él"

---

[13] Bruce, pp. 16, 17.

[14] D. Edmond Hiebert, *"An Expositional Study of 1 John"*, Biblioteca Sacra 145:578 (abril-junio, 1988): 203.

[15] Westcott, pp. 6, 7; C. H. Dodd, *The Johanine Epistles*, pp. 3–6; y J. L. Houlden, *A Commentary on the Johanine Epistles*, pp. 50–52.

porque quería enfatizar aquí el contenido del mensaje acerca de Cristo en vez de la persona de Cristo.

1:2

"Vida" es un título de Jesucristo como "Verbo" lo es en el Evangelio de Juan. Refleja las experiencias cristianas acerca de las que Juan escribe mientras que "Verbo" (gr. *logos*) refleja el hecho que Jesús declaró lo que Juan registra en el cuarto Evangelio. Gracia y verdad explican el Logos en el Evangelio de Juan (Jn. 1:14), pero luz y amor aclaran la Vida en sus epístolas.

En el versículo 1, la progresión en la serie de verbos (hemos oído, hemos visto, hemos contemplado) refleja la cada vez más mayor atención hacia Jesús como la esencia de la comunión. La progresión en los verbos del versículo 2 (fue manifestada, hemos visto, testificamos, anunciamos) muestra el resultado de contemplar a Jesucristo y disfrutar su comunión, a saber, ser testigo. Uno primero ve al Cristo manifestado. Luego de haberlo visto, es capaz de testificar. Finalmente, uno se siente impelido por lo que ha visto a anunciarles a otros el mensaje de vida.

Hay un fuerte énfasis en la eternidad de la vida, Jesucristo, en este versículo. El énfasis en la calidad de la vida (eterna) y en la igualdad con el Padre hace este punto. Está a la vista la encarnación.

La vida eterna es un tema tan dominante en esta epístola que un escritor inclusive tituló su comentario sobre 1 Juan *La Epístola de la Vida Eterna*[16]. En los escritos de Juan "vida eterna" es sinónimo de "salvación"[17].

1:3

"Os" es el receptor de esta epístola; deben haber sido genuinos creyentes (cf. 2:12–14, 21, 27; 5:13). No conocieron a Jesucristo en

---

[16] G. Goodman.
[17] Smalley, p. 10.

carne como lo conocieron los apóstoles. Juan escribe de manera que ellos puedan entrar en la íntima comunión con él al igual que lo disfrutó el testigo apostólico[18].

Este versículo introduce el propósito de la epístola: "para que también vosotros tengáis comunión con nosotros; y nuestra comunión verdaderamente es con el Padre, y con su Hijo Jesucristo"[19].

El tema principal de la epístola es la comunión con Dios[20].

Aquí se nos da, sin ninguna duda, una descripción, *summum bonum*, de la vida cristiana; aquí, en efecto, está todo el objetivo, el final, la meta de toda experiencia cristiana y de todo esfuerzo cristiano. Este, más allá de toda pregunta, es el mensaje central del evangelio cristiano y de la fe cristiana.[21]

La comunión requiere y descansa en la información, un cuerpo común de conocimiento y de aceptación de información. Juan escribe para compartir esta información con sus lectores.

"Es un considerable error interpretativo tratar el término 'comunión' como si significara un poco más que 'ser cristiano'[22]."

Los falsos maestros predicaban información sobre Jesucristo que no era verdadera. Juan también escribió para combatir su engaño.

---

[18] Westcott, p. 4.

[19] Glenn W. Barker, *"1 John"*, en *Hebrews-Revelation*, vol. 12 de *The Expositor's Bible Commentary*, p. 307.

[20] John G. Mitchell, *Fellowship*, p. 14.

[21] D. Martyn Lloyd-Jones, *Fellowship With God: Studies in 1 John*, p. 77.

[22] Hodges, p. 883.

1:4

Aquí la conjugación "nosotros" es probablemente editorial. "Estas cosas" se refiere a lo que Juan escribe en esta epístola. No solamente sus lectores experimentan gozo completo, sino que también Juan a medida que sus lectores entran en una comunión continua e íntima con Dios (cf. 3 Jn. 4). El gozo es el producto de la comunión con Dios. Cuando no hay gozo, no hay comunión (cf. Jn. 15:11; 16:24).

En resumen, Juan escribe como un testigo apostólico. Identifica dos peligros que todavía prevalecen en la iglesia de hoy en día. Uno es la suposición de que la comunión cristiana es posible sin una creencia común en Cristo. El otro es la suposición de que alguien pueda tener una relación con Dios sin una relación con Jesucristo[23]. Juan escribe esta epístola de manera que sus lectores puedan unirse a la comunión con Dios que es posible solamente para aquellos que hayan visto a Dios como los testigos apostólicos de la encarnación que había sido hecha.

> Él tiene el corazón de un pastor que no puede sentirse completamente feliz mientras que algunos de aquellos por los que él se siente responsable no estén experimentando la completa bendición del evangelio[24].

Estos versículos, en vez de 5:13, constituyen el completo propósito de la declaración de la epístola[25].

---

[23] Marshall, p. 107, 108.

[24] Ibid., p. 105.

[25] Smalley, p. 15, argumentó que el principal propósito de Juan era "hacer volver su dividida comunidad a los fundamentos del evangelio apostólico, y responder a los extremos heréticos de aquellos que tomaban muy "alto" o muy "bajo" una vista de la persona de Jesús…" Gary W. Derickson, *"What Is the Message of 1 John?"* Biblioteca Sacra 150:597 (enero-marzo, 1993): 89-105, seguido Smalley.

"Es comúnmente cierto que en la introducción de un libro encontramos la clave de ese libro. En los primeros cuatro versículos de la epístola encontramos la clave"[26].

---

[26] Mitchell, p. 21. Cf. Hodges, pp. 883, 884.

II. Vivir en la luz 1:5–2:29

La enseñanza de 1 Juan se refiere esencialmente a las condiciones para un verdadero discipulado cristiano. Las dos principales divisiones de la carta establecen estas condiciones y exhortan a los lectores a vivir en la luz (1:5–2:29) como hijos de Dios (3:1–5:13)[27].

Juan comienza su exposición de cómo sus lectores pueden disfrutar comunión con Dios introduciendo el concepto de Dios como luz (1:5-7) y luego explica con cuatro condiciones lo que la comunión con Dios requiere (1:8–2:29).

A. Dios como luz 1:5–7

Juan comenzó su explicación de lo que significa vivir en la luz enfatizando que Dios es luz.

1:5

Este versículo provee una base para lo que sigue en los versículos 6-10. Da el estándar en contra del cual las siguiente tres profesiones cristianas quedan cortas.

El "mensaje" es la verdad que Jesucristo, el primer "él", les reveló a los testigos apostólicos.

La figura de la luz que Juan usó para describir a Dios enfatiza su habilidad para tratar con lo que la luz de su santidad revela (cf. Jn. 1:4, 5, 7–9; 3:19–21; 8:12; 9:5; 1:35, 36, 46; Ap. 21:23)[28]. Dios expone y condena el pecado (llamado "tinieblas" en Jn. 1:5; 3:19;

---

[27] Smalley, p. 17.

[28] Compare otras descripciones de Juan sobre Jesús como Espíritu (Jn. 4:24) y como amor (1 Jn. 4:8). Las tres comparaciones de Dios enfatizan su in-materialidad y esencia.

12:35 [doble], y en 1 Jn. 1:5, 6; 2:8, 9, 11 [doble]). La figura de la luz destaca estas cualidades en Dios: Su esplendor y gloria, su veracidad, su pureza, su naturaleza auto comunicativa (cf. Sal. 27:1; 36:9; Is. 49:6; Jn. 1:9), su actividad que da poder (cf. Jn. 8:12; 12:35; Ef. 5:8-14), y su derecho a demandar (cf. Jn. 3:19-21)[29]. El motivo luz-tinieblas era común tanto en el pensamiento helenístico como en el judaico en la vida y en la cultura del tiempo de Juan[30]. Para Juan estos conceptos eran principalmente éticos (cf. Ef. 5:8–14)[31].

Cualquiera otra cualidad que incluya esta designación metafórica, claramente involucra la intelectual y moral –*iluminación* y *santidad*–. Así como la luz revela y purifica, de esa manera a través de su propia naturaleza Dios ilumina y purifica a aquellos que vienen a él. Su naturaleza determina las condiciones para la comunión con él[32].

"Como las tinieblas no tienen cabida en Dios, de la misma manera todo lo que va con las tinieblas está excluido de tener comunión con Dios"[33].

Juan frecuentemente enfatiza su proposición repitiéndola en una forma negativa, como lo hace aquí.

1:6

Juan puede haber usado la frase "si decimos" en los versículos 6, 8 y 10 para expresar la enseñanza de los falsos maestros[34].

---

[29] Barker, p. 309.

[30] Dodd, pp. 18, 19; John R. W. Stott, *The Epistles of John*, p. 70; Theodor H. Gaster, *The Dead Sea Scriptures*, pp. 46, 49–51.

[31] Westcott, pp. 16, 17, escribió una buena discusión sobre Dios como la luz.

[32] Hiebert, *"An Expositional..."* 145:331.

[33] Barker, p. 310.

[34] Ibid.

Es probable que estas demandas fueran declaraciones reales hechas por personas de la iglesia a las cuales Juan les estaba escribiendo, y que ellos reflejaban la actitud de la gente que estaba causando problemas en la iglesia[35].

El recordatorio de Juan aquí es que el cristiano que dice tener comunión con Dios que es luz (santidad) pero lo desobedece, está mintiendo. Un pecador practicante no puede tener un compañerismo cercano con un Dios santo, no obstante puede tener una relación con Dios (es decir, ser un verdadero cristiano). Dios reveló su verdad a través de la Escritura. La acción era para Juan una parte muy importante del conocimiento, y debe serlo también para nosotros (cf. Santiago).

La palabra griega traducida como "comunión" (*koinonia*) aquí significa compartir entre dos o más grupos. No se refiere a compartir la salvación[36]. Juan anteriormente dijo que su objetivo era que sus lectores, que eran cristianos, (2:12–14, 21, 27), pudieran disfrutar del compañerismo con los testigos apostólicos con los que no habían compartido entonces (v. 3).

"…toda verdadera 'comunión' es predicada en una doctrina apostólica"[37].

1:7

Andar en la luz significa andar de acuerdo con la luz. La idea es más dónde caminamos que cómo caminamos. Si Juan hubiera dicho

---

[35] Marshall, p. 110.

[36] Algunos comentaristas toman la frase "tener comunión con él" y "andar en la luz" como descripciones de salvación (p. ej., Lloyd-Jones, pp. 130, 142; Charles P. Baylis, *"The Meaning of Walking 'in the Darkness' [1 John 1:6]"*, Biblioteca Sacra 149:594 [abril-junio, 1992]: 214–222). Defensores dicen que si un cristiano no persevera en la fe no es un cristiano. Esta interpretación resulta en llenar el evangelio con obras.

[37] Zane C. Hodges, *"Fellowship and Confession in 1 John 1:5–10"*, Biblioteca Sacra 129:513 (enero-marzo, 1972): 52.

"de acuerdo con" la luz en vez de "en" luz, hubiera requerido perfección sin pecado para poder tener comunión con Dios. Debemos estar abiertos y responder a la luz que tenemos, la cual aumenta a medida que crecemos en nuestro conocimiento de la voluntad de Dios.

En vista del contexto, "unos con otros" evidentemente significa Dios y nosotros en vez de con nuestros compañeros creyentes. Nosotros compartimos la luz en la que mora Dios. Otra postura es que Juan quiso decir que no podemos disfrutar de comunión con Dios si descuidamos la comunión con otros cristianos"[38].

De acuerdo con este versículo, dos cosas son igualmente verdaderas respecto a los creyentes que andan en la luz: disfrutamos comunión con Dios, y experimentamos limpieza de cada pecado. 9 – 9

> Esto ["todo pecado"] se refiere a la naturaleza pecadora en general, aunque podría incluir los hechos erróneos que se pueden presentar aun cuando un cristiano esté viviendo en la luz[39].

"El pensamiento no es el del perdón de pecado solamente, sino la supresión de pecado. El pecado es suprimido, y la acción purificadora es ejercida continuamente"[40].

Dios nos limpia en la conversión en el sentido de que nunca nos traerá a condenación por nuestros pecados. Sin embargo, necesitamos una continua limpieza de nuestra contaminación que el diario vivir trae debido a que impide nuestra comunión con Dios (cf. Jn. 13:10).

---

[38] Barker, p. 310; Westcott, p. 20.
[39] Smalley, p. 24.
[40] Westcott, p. 21.

Lo que Juan tiene en mente aquí es la limpieza de la conciencia de la culpa y de la contaminación moral sobre la cual se insiste mucho en el epístola a los Hebreos (He. 9:14; 10:2, 22), y que toma un lugar de liderazgo entre los beneficios salvadores del sacrificio redentor de Cristo[41].

B. Condiciones para vivir en la luz 1:8–2:29

Juan enunció cuatro fundamentos principales que estaban debajo de la comunión con Dios para facilitar la experiencia de sus lectores de esa comunión. Uno, se tiene que renunciar al pecado (1:8–2:2), obedecer a Dios (2:3–11), rechazar la mundanalidad (2:12–17), y mantener la fe (2:18–29) para vivir en la luz de la presencia de Dios.

Si los lectores han de tener comunión con el Padre y con el Hijo (v. 3), deben entender qué hace esto posible. Deben saber quién es Dios en sí mismo, y por lo consiguiente, quiénes son ellos en sí mismos como criaturas de Dios. Por lo tanto el autor describe primero el carácter moral de Dios en términos de luz (v. 5) y luego continúa negando tres reclamos hechos por aquellos que falsamente se jactan de su conocimiento y comunión con Dios. Las posiciones falsas son (1) el comportamiento moral es un asunto de indiferencia en la relación de uno con Dios (v. 6); (2) la conducta inmoral no es un asunto de pecado para aquel que conoce a Dios (v. 8); y (3) el conocimiento de Dios remueve el pecado incluso como una posibilidad en la vida del creyente (v. 10). 'Pruebas' verdaderas o evidencia de comunión con Dios o andar en la luz son (1) comunión los unos con los otros (v. 7), con la consecuencia de la limpieza por la sangre de Cristo; (2) confesión de pecado, (v. 9) que trae tanto perdón como limpieza;

---

[41] Bruce, p. 44.

y (3) confianza de que si pecamos tenemos a Jesucristo como propiciación y sacrificio por nuestros pecados (2:2)[42].

Sería difícil encontrar un solo pasaje de la Escritura más crucial y fundamental para el diario vivir del cristiano que 1 Juan 1:5-10. Porque aquí, en unos pocos versículos, el discípulo a quien Jesús amaba nos ha puesto los principios básicos bajo los cuales yace un andar vital con Dios[43].

1. Renunciar al pecado 1:8–2:2

Juan continuó su patrón estructural que había establecido en la sección anterior (vv. 6, 7) en la cual usó un par de cláusulas para presentar una aserción falsa seguida por su corrección.

1:8

Esta segunda demanda (cf. v. 6) es más seria, y sus resultados son peores: no solamente mentimos, sino que nos engañamos a nosotros mismos.

Si un cristiano dice estar experimentando comunión con Dios, puede pensar que está en forma temporal o permanente completamente sin pecado. Nuestra pecaminosidad excede nuestra conciencia de culpa. Tenemos solamente una limitada valoración de la magnitud en la cual pecamos. Cometemos pecados de pensamiento tanto como de acción, pecados de omisión como de comisión, y pecados de carácter tanto como de acción.

Algunos han interpretado la frase "no tenemos pecado" como no tener carácter de pecado o principio de pecado.[44] Sin embargo, esto parece estar en desarmonía con los otros usos de

---

[42] Barker, p. 309.
[43] Hodges, *"Fellowship and…"*, p. 48.
[44] P. ej., Smalley, p. 29.

Juan de "pecado" (cf. Jn. 15:22, 24; 19:11). Más bien, probablemente quiso decir no tener culpa por el pecado[45].

La verdad de Dios como lo revela la Escritura no tiene un
completo asimiento en nosotros si decimos esto. "En nosotros"
sugiere no que tenemos los hechos en nuestra concepción mental
sino que nos controla. Están en nosotros es un pedazo de tela en
vez de una moneda en el bolsillo. El mismo contraste existe entre
el consentimiento intelectual y la fe salvadora.

1:9
Este versículo es el diálogo del versículo 8. Reconocer los pecados
de los que estamos conscientes es lo opuesto a decir que no somos
culpables de pecar. La palabra griega "confesar" (*homologemen*)
literalmente significa decir acerca de nuestros pecados lo que Dios
dice acerca de ellos, es decir, que verdaderamente son pecados,
ofensas en contra de él, y no solamente equivocaciones, meteduras
de pata o errores[46].

"'Aquel que confiesa y condena sus pecados' dice Agustín,
'ya actúa con Dios. Dios condena sus pecados: si usted también
los condena, entonces está unido a Dios.'"[47]

Si confesamos nuestros pecados, Dios entonces perdonará
los pecados que confesamos y además nos limpiará de la injusticia.
Por lo consiguiente no necesitamos preocuparnos que ¡ha fallado al
perdonarnos de lo que no estamos conscientes! El pecado contrae
una deuda con Dios, pero el perdón (gr. *aphiemi*) cancela la deuda
e ignora el cargo. El pecado también contamina al pecador, pero
la limpieza de Dios (*katharizo*) remueve la mancha de manera que
podemos ser santos otra vez.

---

[45] Law, p. 130.

[46] Westcott, p. 23, escribió que esta es una confesión pública, pero no parece
haber una buena razón para leer esto en el texto.

[47] A. Ross, *The Epistles of James and John*, p. 146.

Dios absolutamente promete un perdón que es consistente con su justicia (debido a que Jesucristo pagó la pena de *todos* nuestros pecados).

Algunos expositores enseñan que este versículo no se puede aplicar a los cristianos ya que Dios ya ha perdonado a los cristianos y por lo tanto no necesitamos pedir lo que ya tenemos[48]. Este punto de vista falla al distinguir entre el perdón forense que recibimos en el momento de la conversión y el perdón familiar que necesitamos después de la conversión. Por ejemplo, un juez podría pagar en la corte la multa de su propio hijo, y luego disciplinarlo al llegar a casa. Jesús instruyó a sus discípulos que le pidieran perdón al Padre (Lc. 11:14). El hecho de que Dios haya quitado el castigo por nuestros pecados en el momento de la conversión (Ef. 1:7) no elimina la necesidad de la frecuente confesión de nuestros pecados (cf. Mt. 6:11, 12). De nuevo, el asunto no es la aceptación de Dios sino la comunión con Dios. El perdón (forense) de la conversión nos hace aceptables como miembros de la familia de Dios. El perdón (familiar) continuo nos capacita para experimentar una comunión íntima como hijos dentro de la familia de Dios.

1:10

La falsa demanda aquí es que lo que hemos hecho no es realmente pecado. Este es el tercer y más serio cargo (cf. vv. 6, 8). Pone la revelación del pecado de parte de Dios aparte y hace al hombre la autoridad por lo que es y por lo que no es pecado. Esta demanda dice que Dios está equivocado en su juicio del hombre y que por lo tanto es mentiroso. El demandante ignora su Palabra como si esta no tuviera valor (p. ej., Sal. 14:3; Is. 53:6; Jn. 2:24, 25; Ro. 3:23).

---

[48] P. ej., Peter E. Gillquist, *Love Is Now*, p. 64.

Note que cada una de las tres demandas en los versículos 6, 8, y 10 es una negación de la verdad que precede inmediatamente a los versículos 5, 7, y 9 respectivamente. La corrección a cada falsa demanda sigue en el versículo inmediatamente después.

Palabras Griegas	Referencias
Dios es luz (v. 5).	Tenemos comunión con él (v. 6).
Andar en la luz es necesario para tener comunión con Dios (v. 7).	No tenemos culpa por el pecado (v. 8).
La confesión restaura la comunión con Dios (v. 9).	No tenemos pecado (v. 10).

"¿Cuál entonces es el principio de la comunión con Dios? Sucintamente declarada, es apertura hacia Dios y completa integridad en la luz de su Palabra"[49].

2:1

El anterior comentario de Juan sobre lo inevitable del comportamiento pecaminoso (vv. 6-10) lleva a la seguridad para sus lectores aquí que él no quería que ellos pecaran. La evitación del pecado es importante aunque no es enteramente posible.

Juan usó la palabra griega traducida como "hijitos" aquí (*teknia*) como un término familiar cariñoso. Significa "pequeños recién nacidos" (2:12, 28; 3:7, 18; 4:4; 5:21; Jn. 13:33; cf. Gá. 4:19). "Míos" añade una nota de ternura. Estos términos no requieren que concluyamos que los receptores eran necesariamente conversos personales de Juan.

Para que no pequéis" no significa "para que nunca jamás pequéis". Pecar es inevitable para los pecadores, aun para los

---

[49] Hodges, *"Fellowship and..."*, p. 60.

pecadores perdonados, pero en cada momento de tentación siempre existe la posibilidad de que no caigamos (1 Co. 10:13). "Si" introduce una condición que se asume que tiene lugar por bien del argumento (una condición de tercera clase en griego).

Como nuestro abogado (amigo en la corte, o abogado defensor) Jesucristo alega la causa del cristiano pecador ante Dios el Padre (cf. He. 7:25). Este ministerio parece ser más amplio que simplemente ayudar al pecador después de que peca. Evidentemente incluye alegar a favor de la causa del pecador con el Padre siempre que esto se vuelva necesario, como cuando Jesús oró que la fe de Pedro no faltara (Lc. 22:31, 32). Aquí, sin embargo, el énfasis recae en la ayuda de Jesucristo después de haber pecado. Ya que Jesucristo es justo, él es el perfecto defensor ante Dios (cf. Hch. 3:14; 7:52).

La palabra griega para "abogado" es *parakleton* que se translitera al español como "paracleto". Quiere decir uno que es llamado al lado de otro para ayudar. Jesús usó esta palabra cuatro veces en el discurso del aposento alto para describir al Espíritu Santo (Jn. 14:16, 26; 15:26; 16:7). Él habló del Espíritu Santo como del otro Paracleto (Jn. 14:16).

"Mientras que en la primera parte de este versículo Juan prevé una *tenue* actitud hacia el pecado, en la segunda mitad se opone a la posibilidad de una postura muy severa"[50].

2:2

Jesucristo no solo pagó por nuestros pecados, aunque sí lo hizo. Él es la propiciación misma. Los traductores de la Septuaginta usaron la misma palabra griega para "propiciación" aquí (*hilasmos*, satisfacción, cf. 4:10) traducida "asiento de misericordia"

---

[50] Smalley, pp. 35, 36.

en el arca del pacto. El cuerpo de Jesús fue el sitio en el que Dios aplacó su ira en contra del pecado. Los versículos 1:5–2:2 tienen connotaciones sobre el tabernáculo del Antiguo Testamento. La muerte de Jesús no sólo expió (limpió) los pecados, sino que satisfizo la ira de Dios contra el pecado[51].

Este versículo provee fuerte apoyo al hecho de que Jesucristo murió por toda la gente (expiación ilimitada). En su muerte, el Señor Jesús proveyó una salvación que es suficiente para todos, aunque es eficiente solamente para aquellos que confían en él (2 Co. 5:14, 15, 19; He. 2:9; Ap. 22:17). "Nuestros" se refiere a los pecados de todos los creyentes, y "todo el mundo" quiere decir toda la humanidad, no solamente los elegidos (cf. Jn. 1:12; 3:16). Aquellos que aplican la "redención particular" (es decir, que Jesús murió solamente por los elegidos) limitan el significado de "todo el mundo" al mundo de los elegidos.

Juan les recuerda a sus lectores en esta sección (1:8–2:2) que la comunión con Dios es posible solamente cuando tratamos con el pecado en nuestra vida. Esto es verdad tanto de los creyentes (1:5–2:1) como de los incrédulos (2:2).

2. Obedecer a Dios 2:3–11

El autor les explica a los miembros de su iglesia, en respuesta al desarrollo de las tendencias heréticas, la naturaleza de la verdadera creencia y práctica, y la manera en las cuales estas interactúan. Para hacer esto, él primero escoge como tema y para exhortación la necesidad de "vivir en la luz" (1:5–7). La

---

[51] Ver Leon Morris, *The Apostolic Preaching of the Cross*, pp. 125-185; W. Hall Harris, *"A Theology of John's Writings"*, en *A Biblical Theology of the New Testament*, p. 215.

primera (negativa) condición requerida para tener una genuina existencia cristiana, que el escritor sugiere, es la renuncia al pecado (1:8–2:2). La segunda (positiva) condición que seguidamente procede a discutir; es la obediencia, especialmente a la ley del amor (2:3–11)[52].

Aunque el efecto inmediato de la luz es exponer el pecado, su propósito principal es mostrar deber[53].

De comentar sobre la *comunión* con Dios, Juan pasa a discutir el *conocer* a Dios. Hace esto para capacitar a sus lectores tanto a apreciar la importancia fundamental de conocer a Dios como tener comunión íntima con Dios. Estos conceptos son prácticamente sinónimos[54]. Juan dice cosas similares acerca de conocer a Dios como las dice acerca de tener comunión con Dios[55]. Comunión con Dios aumentada y conocimiento de Dios aumentado son inseparables.

Una vez más, el falso reclamo de conocimiento de los oponentes es declarado primero, esta vez introducido por la cláusula "el que dice" (cf. vv. 4, 6, 9). Cada uno de estos reclamos es nuevamente negado y la evidencia o 'pruebas' del verdadero

---

[52] Smalley, p. 42.

[53] Law, p. 209.

[54] Barker, p. 315.

[55] "Comunión" (gr. *koinonia*) es el término menos común que se presenta solamente cuatro veces en 1 Juan: 1:3 (dos veces), 6, 7. "Saber" es más común. *Ginosko* (conocimiento experimental) se presenta 24 veces: 2:3, 4, 5, 13 (dos veces), 14, 18, 29; 3:1 (dos veces), 6, 16, 19, 20, 24; 4:2, 6 (dos veces), 7, 8, 13, 16; 5:2, 20. *Oida* (conocimiento intelectual) se presenta 15 veces: 2:11, 20, 21 (dos veces), 29; 3:2, 5, 14, 15; 5:13, 15 (dos veces), 18, 19, 20. El sustantivo *ginosis* (conocimiento) está ausente en esta epístola.

conocimiento de Dios es presentado: guardar su Palabra (v. 5), andar como él anduvo (v. 6), y amar a su hermano (v. 10)[56].

2:3

Juan propone una prueba por medio de la cual podamos medir nuestro conocimiento experimental de Dios (Padre e Hijo, 1:3). Dice que vean su respuesta a la voluntad revelada de Dios. Todos los creyentes conocen a Dios hasta cierto grado (Jn. 17:3). Sin embargo, algunos lo conocen más completamente que otros (Jn. 14:7–9, 21–23). Ocasionalmente, una persona que ha estado casada por largo tiempo y luego se divorcia va a decir de su cónyuge: "Realmente nunca lo (la) conocí". Obviamente se conocieron en cierto sentido, pero el conocimiento del uno hacia el otro no fue íntimo. La postura de Juan es que nuestro conocimiento experimental de Dios afectará la forma en la que vivamos, y la forma en que vivimos, obediente o desobedientemente revelará cuán bien realmente conocemos a Dios.

La señal del conocimiento de Dios es la obediencia a sus mandamientos y el reconocimiento de la forma de vida que él espera de su pueblo.[57].

En otras palabras,
"conocer" a Dios no es un asunto de un proceso correcto de pensamientos, sino una genuina *relación* espiritual. El conocimiento de Dios, y la comunión con él, son aspectos complementarios de la experiencia cristiana[58].

---

[56] Barker, p. 315.
[57] Marshall, p. 122.
[58] Smalley, p. 45.

2:4

La declaración a la vista, a la luz del contexto (1:6, 8, 10), es evidentemente otra pretensión de tener una relación cercana con Dios, no de ser salvo[59]. Si alguien dice que conoce a Dios íntimamente, pero no es obediente a la voluntad revelada de Dios, es un mentiroso. Aún más, la verdad de Dios no tiene una influencia controladora sobre su vida (cf. 1:8, 10).

> ...quien no guarda los mandamientos de Dios no conoce a Dios experimentalmente no importa lo que exprese verbalmente"[60].

Los versículos 4, 6, y 9 contienen tres afirmaciones más (cf. 1:6, 8, 10).

Afirmaciones	Condiciones
"Yo lo conozco" (v. 4; cf. Jn. 17:3)	"guarda su palabra" (v. 5)
"[Yo permanezco] en él" (v. 6; cf. Jn. 15:4)	"debe andar como él anduvo" (v. 6)
"[Yo estoy] en la luz" (v. 9; cf. Jn. 12:46)	"ama a su hermano" (v. 10)

La verdadera afirmación acerca de conocer a Dios, ser constante en él, y estar en la luz (como él mismo es la luz, v 7), son versiones

paralelas de una sola afirmación que está en la correcta relación con el Padre a través del Hijo[61].

---

[59] Ver Zane C. Hodges, *"Is God's Truth in You? 1 John 2:4b"*, *Grace Evangelical Society News* 5:7 (Julio, 1990):2, 3.

[60] Robert N. Wilkin, *"Knowing God By Our Works?" Grace Evangelical Society News* 3:10 (octubre-noviembre, 1988):3.

[61] Smalley, p. 59.

2:5ª

Por otra parte, el cristiano que es cuidadoso al observar la Palabra de Dios (no solamente sus mandamientos, v. 4) da evidencia de que ha venido al entendimiento y aprecia el amor de Dios para él. El amor de Dios es perfeccionado en él en el sentido que el cristiano lo ha percibido, ha respondido a él, y está teniendo su pretendido resultado en su comportamiento. Nuestro amor por Dios está a la vista aquí en vez del amor de Dios por nosotros (cf. v. 15; 5:3)[62]. Amar a Dios es paralelo a conocer a Dios (vv. 3, 4).

Los estudiantes de la Biblia han llamado frecuentemente a Juan el apóstol del amor debido a sus frecuentes referencias al amor[63]. De la misma manera que muchos se ha referido a Pablo como el apóstol de la fe y a Pedro como el apóstol de la esperanza, por la misma razón.

2:5b–6

El uso de Juan de la frase "en él" es diferente a la de Pablo. Pablo usa esta frase para describir la relación de cada creyente con Cristo. Los no salvos no están "en Cristo". No obstante, Juan usa "en él" como Jesús lo hace en el discurso del aposento alto para describir no a todos los creyentes sino a un grupo de creyentes que permanecen en Cristo (Jn. 15:1–8). Permanecer en Cristo significa obedecerlo (Jn. 15:10).

> "Por lo tanto" la prueba de "permanecer" en él, como antes, sea que el demandante esté viviendo una vida de obediencia a Dios o no[64].

---

[62] Bruce, p. 51; Stott, p. 91; Dodd, p. 31.

[63] No hay menos de 46 referencias al amor en 1 Juan. El verbo *agapao* aparece 28 veces en estos versículos: 2:10, 15 (dos veces); 3:10, 11, 14 (dos veces), 18, 23; 4:7 (dos veces), 8, 10 (dos veces), 11 (dos veces), 12, 19 (dos veces), 20 (tres veces), 21 (dos veces); 5:1 (dos veces), 2 (dos veces). El sustantivo *agape* parece 18 veces: 2:5, 15; 3:1, 16, 17; 4:7, 8, 9, 10, 12, 16 (tres veces), 17, 18 (tres veces); 5:3.

[64] Smalley, p. 52.

Permanecer en Cristo es otro sinónimo de tener una relación íntima con él, como tener comunión con Dios y conocer a Dios experimentalmente. La postura de Juan es que un creyente que permanece en Dios lo obedecerá así como Cristo permaneció en Dios y dio evidencia de eso obedeciendo a su Padre. Juan usa la palabra "permanece" (gr. *meno*) 24 veces en 1 Juan[65]. Esto indica un mayor énfasis en la relación de permanencia del creyente en esta epístola. La obligación de cada cristiano no es solamente obedecer las órdenes de Dios (vv. 4, 5) sino también seguir el ejemplo de su Hijo (v. 6). "No podemos afirmar que permanecemos en él a menos que nos comportemos como él[66]."

2:7

¿Cuáles mandamientos tiene Juan en mente? Él explica en este versículo que no se refiere a una nueva responsabilidad con la cual cada lector puede sentirse extraño. Se refiere a un antiguo mandamiento que ellos conocían acerca desde el principio de su experiencia como cristianos (es decir, el mandamiento de amarse los unos a los otros, vv. 9–11; cf. Jn. 13:34, 35).

2:8

En otro sentido, sin embargo, este viejo mandamiento era nuevo (fresco, gr. *kainos*). Con la encarnación, la luz de Dios ha entrado al mundo más brillantemente que nunca antes (He. 1:1–3).

No es una innovación reciente, sin embargo es una innovación cualitativamente nueva cuando es experimentada en Cristo[67].

---

[65] 2:6, 10, 14, 17, 19, 24 (tres veces), 27 (dos veces), 28; 3:6, 9, 14, 15, 17, 24 (dos veces); 4:12, 13, 15, 16 (tres veces).

[66] Stott, p. 92.

[67] Hiebert, *"An Expositional..."*, 145:422.

Esta luz estaba disipando las tinieblas del pecado y podría continuar haciéndolo hasta que el último aumento de la luz resultara en la aniquilación final de las tinieblas. Cuando Jesucristo decretó el gran mandamiento de nuevo, lo llamó un nuevo mandamiento aunque Dios lo había dado previamente (Lv. 19:18). Ahora es importante en un nuevo sentido debido a su venida como la luz del mundo (Jn. 13:34, 35).

El nuevo mandamiento "es verdad" en Cristo y en los cristianos en este sentido: la obediencia de Jesucristo a su Padre lo logró primero, y la obediencia de los cristianos a Dios lo está logrando ahora.

2:9

Este versículo contiene un ejemplo concreto de lo que Juan había estado hablando. Es otra afirmación que de la íntima comunión con el Padre que el comportamiento muestra que es falsa (1:6, 8, 10; 2:4, 6). El odio hacia otro hermano es un signo seguro que uno no está caminando en comunión con Dios.

"El odio es la ausencia de la acción de amar… El amor inexpresivo no es amor. El amor no tiene aptitudes neutrales. Cuando el amor está ausente, el odio está presente[68]."

Obviamente los cristianos genuinos han odiado a otros cristianos. Es ingenuo decir que el que odia tiene que ser un incrédulo. Por otra parte, Juan ve al que odia y al odiado como hermanos[69].

2:10

La causa del tropiezo es el odio en el corazón. El odio causa que el que odia tropiece en su andar con Dios.

---

[68] Barker, p. 317.
[69] Ibid.

…cualquiera que ame a su hermano permanece en la luz; y cuando se está en la luz se puede ver hacia donde se va, y por lo tanto evita rendirse constantemente a la tentación, y además (como resultado) evita causar que otros caigan[70].

2:11

El pecado del odio lo afecta de tres maneras. Lo coloca en las tinieblas fuera de la comunión con Dios. Lo lleva a una actividad sin propósito en la cual está en gran peligro espiritual y en la cual hay posibilidad de caer. También resulta en confusión mental (cf. Jn. 12:35). El cristiano que odia a su hermano pierde el sentido de dirección espiritual en la vida en forma parcial o total.

Juan argumenta que la comunión íntima con Dios es posible solamente cuando una persona es obediente a Dios (2:3-11) así como renunciar al pecado en su vida (1:5–2:2).

3. Rechazar la mundanalidad 2:12–17

Juan continúa exhortando a sus lectores a cultivar una íntima comunión con Dios quien es luz. Para hacer eso, ellos deben también rechazar al mundo.

La primera parte de la epístola (1:5–2:11) involucra alegaciones falsas hechas por el tipo gnóstico de oponentes al autor y provee "pruebas" para exponer las falsas alegaciones además de para asegurar a aquellos que caminan en la luz. La siguiente sección está en dos partes. La primera (2:12–14) contrasta la posición del creyente que camina en la luz con la de los gnósticos que caminan en las tinieblas. La segunda (2:15–17) advierte al creyente a no caer en

---

[70] Smalley, p. 62.

la trampa de la mundanalidad, como lo hicieron los falsos maestros[71].

La condición espiritual de los lectores 2:12–14

Juan les recuerda a sus lectores la bendición espiritual de motivarlos a cultivar la comunión íntima con Dios.

Debido a que sus lectores con cristianos y en parte han experimentado el poder de la fe que los mueve a nobles esfuerzos, su objetivo es que su "gozo sea cumplido" (cf. 1. 4)[72].

Esta estructura contiene dos series de tres oraciones. Cada oración comienza con: "Os escribo a vosotros… porque…".

2:12, 13b

¿A quién tiene en mente Juan cuando se dirige a sus lectores como a niños (hijitos), padres y jóvenes? Tal vez quiere dirigirse a aquellos que físicamente caen en estas categorías. Si es así, ¿qué de sus lectoras mujeres u otros que no calzan en estas categorías? Tal vez, está pensando en aquellos de su audiencia que están en la etapa de desarrollo de la niñez, adultez o juventud[73]. Si eso es lo que quiere decir, ¿por qué se dirige a ellos en ese orden antinatural? Podríamos también hacer la misma pregunta acerca de la primera posibilidad. Quizá Juan se dirige a todos sus lectores como a hijitos (niños) (cf. Jn. 21:5) y luego les habla más específicamente a los más maduros o mayores (padres) y luego a los menos maduros o menores (hombres jóvenes)[74]. Sin embargo, lo que les dice a los tres grupos es tan paralelo que parece más que se está dirigiendo

---

[71] Barker, p. 319.
[72] Westcott, p. 57.
[73] Bruce, p. 58.
[74] Smalley, pp. 69, 70. Cf. Barker, p. 319.

a tres grupos diferentes. Parece mejor concluir que Juan usa estas tres etapas de la vida para describir cualidades típicas de cada grupo que deben caracterizar a todos los creyentes[75].

Otro problema es si Juan quiere implicar que escribe *porque* la condición establecida es verdad en cada grupo o *para que* la condición se vuelva verdad en ellos. La partícula griega *hoti* puede tener ambos sentidos: causal o declarativa, y Juan puede querer dar a entender ambos sentidos. Sin embargo el significa causal parece ser un poco más fuerte[76].

Como niños, los lectores de Juan habían conocido el perdón de su Padre Celestial (cf. 1:5–2:2). Como padres, habían experimentado el compañerismo con Dios a través de Jesucristo (cf. 2:3-11). Como jóvenes, habían conocido alguna victoria sobre su adversario espiritual, Satanás (cf. 2:15-23). Juan menciona estas tres experiencias en la adecuada secuencia en la vida cristiana. "Al que es desde el principio" (v. 13a) es Jesucristo (Jn. 1:1).

2:13c, 14

Luego Juan procede a señalar otras características de sus lectores usando de nuevo las mismas tres etapas de la vida que ilustran su progreso. Tal vez Juan repite el ciclo de descripciones para asegurarles a sus lectores que estaba consciente de su crecimiento y fortaleza en la fe.

En la primera serie de tres (vv. 12, 13b) tenemos la mínima experiencia espiritual para cada una de las etapas de la vida espiritual. En la segunda serie de tres (vv. 13c, 14) tenemos la máxima experiencia espiritual para cada etapa. Todos los niños pequeños espiritualmente saben que Dios ha perdonado sus pecados, pero

---

[75] Marshall, p. 138; Dodd, pp. 37–39; Westcott, p. 59; James M. Boice, *The Epistles of John*, pp. 72, 73.

[76] Smalley, p. 71; Marshall, pp. 136, 137.

que pueden desarrollar un íntimo conocimiento del Padre. Las dos declaraciones acerca de los padres son idénticas debido a que no puede haber variación aquí. Cuando uno conoce al eterno Dios, la única cosa que puede hacer para desarrollar es continuar conociéndolo mejor. Juan inicialmente dice que los jóvenes han vencido al maligno, pero no dice nada de su condición luego de haber obtenido la victoria. Podrían ser débiles y vulnerables. Sin embargo, la segunda declaración acerca de ellos añade que ellos son fuertes y que la palabra de Dios permanece en ellos. Esta es una condición espiritual más robusta.

Juan enfatiza el sentido de progreso en estos versículos. Él usa el tiempo presente progresivo en la primera serie de oraciones (vv. 12, 13b) que enfatiza la acción continua. Luego usa el tiempo pluscuamperfecto en los verbos del segundo grupo (vv. 13c, 14) que señalan el fin del producto: la madurez espiritual.

En todos los escritos juaninos –el Evangelio (Jn. 16:33), la primera epístola (1 Jn 4:4; 5:4, 5) y Apocalipsis (Ap. 2:7, 11, 17, 26; 3:5, 12, 21; 5:5; 12:11; 15:2; 21:7) del mismo modo– el tema a vencer está en presente, y en todos es a través de Cristo, el supremo vencedor por el que su pueblo vence[77].

En esta sección Juan no dice que sus lectores sean inmaduros ni maduros. Reconoce su desarrollo espiritual para animarlos a ejercer mejor presión en su conocimiento del Señor y a tener una más íntima comunión con él.

---

[77] Bruce, p. 59. De las 28 apariciones del verbo *nikan* ("conquistar") en el Nuevo Testamento, 24 están en los escritos de Juan, y el sustantivo ("victoria") se presenta solamente en 5:4 en el Nuevo Testamento. Por lo tanto, el motivo victoria es peculiarmente juanino. Ver Smalley, p. 75; y E. Malatesta, *Interiority and Covenant. A Study of einai en and menein in the First Letter of Saint John*, pp. 168, 169.

Una interpretación popular de 1 Juan que muchos comentaristas han defendido es que Juan escribió esta epístola para capacitar a sus lectores a determinar si eran verdaderos creyentes. El punto que presenta Juan a través de la epístola, dicen ellos, es "las pruebas de la vida [la presencia de vida espiritual] "[78]. Sin embargo, en los versículos que recién consideramos (vv. 12–14) Juan no dice que él escribiera para probar la salvación de sus lectores. Dice que les escribía porque ellos eran genuinos creyentes. Juan presenta pruebas de comunión en vez de pruebas de vida.

> Sería difícil de concebir un enfoque a la primera epístola de Juan más desesperadamente mal aconsejado o más completamente auto vencida [que el enfoque de "pruebas de vida"]. Si la premisa en la cual se basa este enfoque fuera verdad, sería bastante imposible para cualquiera de las dos audiencias originales de 1 Juan o cualquier subsiguiente lector poseer la seguridad de la salvación. Ya que el autor repetidamente manda la 'permanencia' de la vida marcada por la obediencia a los mandatos de Cristo, uno no puede estar seguro hasta el fin de esta experiencia terrenal si ha permanecido o perseverado en la requerida obediencia. Mientras tanto, ¡uno debe acoger la posibilidad de que él sea un falso cristiano!

Pocos errores de exposiciones contemporáneas son más absolutas que esta. ¡No solamente Juan *no* dice

---

[78] Ver, por ejemplo: Raymond Brown, *The Epistles of John*; John Calvin, *The First Epistle of John*; D. Edmond Hiebert, *The Non-Pauline Epistles and Revelation*; idem, *"An Expositional Study of 1 John"*, Biblioteca Sacra (abril 1988-julio 1990); Law; John F. MacArthur Jr., *The Gospel according to Jesus*; Marshall; Stott; Westcott; Dodd; Boice; Bruce; y Barker.

que está escribiendo para 'probar' si sus lectores son salvos o no, sino que dice lo contrario [en 1:3, 4]![79].

La seducción del mundo 2:15–17

Juan seguidamente advierte a sus lectores de los peligros mundanales que enfrenta el cristiano cuando busca conocer mejor a Dios. Hace esto para capacitarlos a prepararse para estos obstáculos y vencerlos con la ayuda de Dios.

> Como sucede a menudo en 1 Juan, una sección de exhortación sigue a una serie de declaraciones dogmáticas[80].

Juan de nuevo presenta tres pares, como lo hizo en los versículos 12–14.

V. 15	Amor del mundo	Amor del Padre
V. 16	Viene del mundo	Viene del Padre
V. 17	El mundo pasa	El que hace la voluntad de Dios permanece para siempre

---

[79] Zane C. Hodges, *The Gospel Under Siege*, pp. 47, 48. Otros comentaristas que sostienen que 1 Juan ofrece pruebas de comunión en vez de pruebas de vida son J. Dwight Pentecost, *The Joy of Fellowship*; Mitchell, *Fellowship*; idem, *An Everlasting Love*; Joseph C. Dillow, *The Reign of the Servant Kings*, pp. 156-175; Guy H. King, *The Fellowship*; Charles C. Ryrie, *Biblical Theology of the New Testament*; idem, *"The First Epistle of John"*, en *The Wycliffe Bible Commentary*; J. W. Roberts, *The Letters of John*; y Karl Braune, *The Epistles General of John*, en *Lange's Commentary on the Holy Scriptures*, 12:15. Hodges también defiende esta postura en *"1 John"*, en *The Bible Knowledge Commentary: New Testament, Absolutely Free!* y *The Epistles of John: Walking in the Light of God's Love*.

[80] Smalley, p. 89.

2:15

La prohibición negativa griega *me* con el verbo en presente activo imperativo significa tanto dejar de hacer algo o no tener el hábito de hacerlo. El "mundo" (*kosmos*) representa el sistema de valores, prioridades y creencias que los incrédulos sostienen que excluye a Dios. Es un sistema seductor que apela a toda la gente, tanto a creyentes como a no creyentes, y llama nuestra atención, participación y lealtad (cf. Jn. 3:16, 17; 18, 19; Stgo. 4:4). Satanás controla este sistema, y los creyentes deben evitarlo (cf. 5:19; Jn. 12:31; 14:30). Aquí *kosmos* no se refiere principalmente al orden creado, aunque ese orden también pasa (1 Co. 7:31; 2 P. 3:7–13; Ap. 21:1–4).[81]

"Si" asume que algunos cristianos amarán al mundo (condición de tercera clase en griego), lo cual es verdad. "El amor del Padre" es probablemente el amor de los creyentes hacia el Padre (objetivo genitivo), no su amor por nosotros (subjetivo genitivo). "En él" de nuevo refleja una influencia controladora (cf. 1:8; 2:4).

2:16

Juan resume la apelación al sistema del mundo en tres formas. Aquí hay una representación de la trinidad infernal, las tres facetas de este mundo, las tres fuentes de la tentación mundana (cf. Gn. 3; Mt. 4). Los deseos son ansiedades o lujurias, y en el contexto son malignos porque no están en armonía con la voluntad de Dios.

Los deseos de la carne son los deseos de hacer algo que no está en la voluntad de Dios. Los deseos de los ojos son los deseos de *tener* algo que no está en la voluntad de Dios. La vanagloria de la vida es el deseo de *ser* algo que no está en la voluntad de Dios. Los primeros deseos apelan mayormente al cuerpo, el segundo al alma y el tercero al espíritu. Quizá la manifestación más común de los deseos de la carne en la moderna civilización occidental es el sexo ilícito (el hedonismo, el placer de la idolatría). Tal vez, la

---

[81] Ibid., p. 87.

manifestación más común de los deseos de los ojos es la compra excesiva (materialismo, la idolatría de las posesiones). Quizá la manifestación más común de la vanagloria de la vida es el tratar de controlar (el egoísmo, la idolatría del poder).

Los "deseos" que el hombre siente pueden ser divididos en dos grandes categorías. Algunas cosas las desea para apropiárselas personalmente: algunas cosas las desea para disfrutarlas sin apropiárselas. Los deseos de la carne abrazan la primera clase (p. ej., la gratificación de los apetitos); los deseos de los ojos la otra (p. ej., La persecución del arte como un fin)[82].

La vanagloria de la vida' se reflejará en cualquier símbolo de status que sea importante para mí o parezca definir mi identidad. Cuando me defino a mí mismo ante otros en términos de mis títulos honorarios [o merecidos], la reputación de la iglesia a la que sirvo, mi ingreso anual, el tamaño de mi biblioteca, mi casa o carro caros, y si al hacer esto desfiguro la verdad y en mi jactancia me muestro a mí mismo como un tonto rimbombante que no ha engañado a nadie, entonces he sucumbido ante lo que Juan llama la vanagloria de la vida[83].

Esos tres deseos básicos vienen del sistema mundano, no del Padre, y el creyente debe alejarse de ellos. El Padre desea nuestro bienestar, pero el mundo nos destruirá (v. 17).

La moralidad no es el *fundamento* para la seguridad, sino su *fruto*[84].

---

[82] Westcott, p. 62.
[83] Barker, p. 322.
[84] Hodges, *The Gospel...*, p. 49. Cf. Ef. 4:1; Col. 3:12, 13.

El enemigo triple del cristiano	
Problema	*Solución*
El mundo	Escape
1 Juan 2:15–17	1 Timoteo 6:11; 2 Timoteo 2:22
Los deseos de la carne	
Los deseos de los ojos	
La vanagloria de la vida	
La carne	Negación
Romanos 7:18–24	Romanos 6:12, 13; 8:13
El diablo	Resistir
1 Pedro 5:8	1 Pedro 5:9

2:17

Otra razón para no buscar los deseos del mundo es que este sistema, junto con sus deseos, está en el proceso de morir. Realmente estamos viviendo lo que Juan llama el "último tiempo" de la existencia del mundo (v. 18). El mundo sólo es temporal y efímero (cf. 1 P.).

A pesar de esto, aquellos que hacen la voluntad de Dios permanecen (se quedan, viven) para siempre. Ya que todos los cristianos vivirán para siempre (Jn. 10:28), Juan no dice que tendremos la vida eterna por nuestra obediencia. Sin embargo, permanecemos (es decir, disfrutamos de una íntima comunión con Dios, experimentamos abundantemente nuestra vida eterna) ahora además de después de la muerte cuando obedecemos a Dios.

Resistir la atracción del mundo es difícil para cada creyente. Juan exhorta a sus lectores en vista del encanto que ofrece el mundo a entender las avenidas de su tentación y a recordar cuatro cosas. El amor por el mundo indica la falta de amor a Dios. Resulta en consecuencias que no son las que nuestro amoroso Padre celestial desea para nuestro bienestar. Solamente dura un poco de tiempo. Evita una íntima comunión con Dios.

4. Guardar la fe 2:18–29

Desde el 1:5, el autor ha venido discutiendo las condiciones para vivir como cristianos en el mundo. Comenzando con la declaración de buenas nuevas de que "Dios es luz" (1:5-7), Juan bosqueja cuatro condiciones prácticas por medio de las cuales los creyentes pueden practicar y probar su propio compromiso espiritual: renunciando al pecado (1:8–2:2), siendo obedientes (2:3-11), rechazando la mundanalidad (2:12–17), y... guardando la fe (2:18–29)... La cuarta condición descrita por el escritor sigue el patrón ABAB, donde los generalmente negativos encantos de la renunciación y del rechazo (AA) están seguidos en cada caso de demandas más positivas de obediencia y fe[85].

Juan necesita alertar a sus lectores sobre engaños especiales que podrían encontrar para capacitarlos a identificar y defenderse en contra de esas tentaciones. Previamente Juan había sido menos directo al hablar sobre los falsos maestros que pervertían la verdad acerca de la intimidad con Dios. Ahora se vuelve más directo y los etiqueta como anticristos (vv. 18, 19). Primero, expone el método de ellos: mienten y niegan que Jesús sea el Cristo (vv. 20, 23).

---

[85] Smalley, p. 93.

Juan de nuevo usa una triple estructura al principio de esta sección del texto. Describe tres señales o marcas: del fin: (vv. 18, 19), del creyente (vv. 20–23), y del vivir en la luz (vv. 24, 25). Los versículos 26, 27 recapitulan y desarrollan el contenido de los versículos 18–25, y los versículos 28, 29 resumen la primera sección principal de 1 Juan y anticipan la segunda sección principal respectivamente[86].

Señales del fin 2:18, 19

2:18

Juan probablemente usa una palabra griega diferente traducida como "hijitos" (*paidia*, también en el v. 12) porque implica un hijo que aprende. Sus lectores necesitan aprender lo que él ahora revela.

En el drama de la historia humana, todos los lectores de Juan incluyéndonos a nosotros juegan una parte importante en el último acto. A través de Nuevo Testamento, los escritores ven la era presente antes del regreso del Señor como la última hora o los últimos días. Este es el período final antes de que el mismo Señor rompa de nuevo en la historia. Luego la primera etapa de la nueva era será el juicio (la tribulación) y la segunda etapa bendición. En la segunda etapa, Jesucristo gobernará directamente sobre los seres humanos primero en el milenio y luego en los nuevos cielos y la nueva tierra.

La revelación concerniente a la aparición del gobernador del mundo que se exaltará a sí mismo ya había llegado a la audiencia de Juan (Dn. 11:36–45; 2 Ts. 2:3–5; et al.). Sin embargo, aun cuando Juan habla de que muchos anticristos, gente que se exalta a sí misma en contra de Dios, se han levantado, ve esto como evidencia de que la aparición *del* anticristo no está lejos. Los anticristos son aquellos que se oponen a Jesucristo y a su enseñanza, no solamente la gente que profesa ser el Mesías[87].

---

[86] Ibid.

[87] Stott, pp. 104, 105; Alfred Plummer, *The Epistles of S. John*, p. 107.

2:19

Aquellos que se oponían a Cristo salieron de "nosotros". Probablemente "nosotros" significa los testigos apostólicos como sucede en otras partes de la epístola (cf. 1:1–5; 4:6). Esto podría significar que los falsos maestros salieron de entre los apóstoles, no que fueran apóstoles, diciendo que su mensaje estaba apoyado por los apóstoles (cf. Hch. 15:1; 2 Co. 11:5). "Nosotros" puede incluir a toda la comunidad cristiana. La separación *física* de estos hombres de los apóstoles y la fidelidad finalmente ilustran su separación *doctrinal* de ellos.

> De otras referencias al "anticristo" en esta carta se hace evidente que cuando el escritor usa este término quiere decir los ex miembros heterodoxos de su propia comunidad: aquellos que, en una forma o en otra, negaban la verdadera identidad de Jesús, y el hecho de la actividad salvadora de Dios para el mundo mediante él[88].

> ...es posible, en este caso, que aquellos que luego permitieron que su pensamiento y acciones heréticas escaparan con ellos (cuando obviamente su pudo decir: *ouk esan ex emon*, 'no eran de nosotros') eran en primer lugar creyentes con una genuina, si uniformada, fe en Jesús[89].

> "...de una persona que hace una genuina confesión se puede esperar que persevere en su fe, aunque en otras partes Juan advierte a sus lectores del peligro de fallar en la perseverancia" [cf. v. 24; 2 Jn. 8]"[90].

---

[88] Smalley, p. 101.
[89] Ibid., p. 103.
[90] Marshall, p. 152. La perseverancia es normal pero no inevitable.

Mientras que la división entre la cristiandad crea obvios problemas, Dios causa que algo bueno salga de ellos usando estas divisiones para aclarar diferencias doctrinales y desviaciones de la verdad.

Señales del creyente 2:20–23

2:20, 21

En contraste con los separatistas heterodoxos (v. 19), los creyentes fieles dentro de la comunidad mantenían la fe. La "unción" se refería evidentemente al Espíritu Santo que Jesús le da a cada creyente en el momento de la conversión (Ro. 8:9; 1 Co. 12:13; cf. Lc. 4:18; Jn. 6:69; 14:17; 15:26; 16:13; Hch. 10:38; 2 Co. 1:21, 22). Juan lo dice a sus lectores para enseñarles y porque era honesto (v. 27). Juan se refiere al Espíritu Santo como la unción. Esto parece preferible a la idea de que el Verbo de Dios es el ungido[91]. Juan previamente habló de Jesucristo como la vida (1:2). La presencia del Espíritu Santo en cada creyente lo-la capacita a percibir la verdad del evangelio y a distinguir del error (Jn. 14:26; 16:13). Por supuesto algunos cristianos tienen más percepción que otros debido a las habilidades dadas por Dios, la ceguera de Satanás, la influencia de la enseñanza humana, el pecado en la vida, etc.

2:22, 23

Los anticristos mienten porque niegan que Jesús es el Cristo, el Hijo de Dios y nuestro Salvador. Esta debe de haber sido la posición de los judíos que rechazaron a Jesús como el Mesías y la de otros falsos maestros a quienes Juan alude en otros lugares. Entre estos

---

[91] Esta es una postura propuesta por Dodd, p. 63, pero refutada por, *"1 John"*, p. 892, y Simon Kistemaker, *Exposition of the Epistle of James and the Epistles of John*, p. 279, n. 55. Marshall, p. 155, propuso una postura similar, que el Verbo ejercido por el Espíritu Santo constituye la unción, la cual Smalley, pp. 106, 107, siguió.

estaban los gnósticos que creían que cualquier cosa material era pecaminosa y que por lo tanto Jesús no podía ser el Hijo de Dios[92]. En el docetismo se enseñaba que Jesús no era verdaderamente un hombre y por lo tanto tampoco nuestro Salvador. Los seguidores de Cerinthus creían que Jesús no era completamente Dios sino que Dios solamente vino sobre él en el bautismo y lo dejó antes de la crucifixión[93]. Estos falsos maestros decían haber recibido la verdad de Dios. Sin embargo, Juan señala que ya que el Padre y el Hijo son uno, una persona no puede negar al Hijo sin también negar al Padre (cf. Mt. 10:32, 33; Mr. 8:38).

> …cualquiera que diga conocer a Dios, pero desobedece sus órdenes es 'un' mentiroso (…2:4); pero la persona que niega que Jesús es el Cristo debe ser juzgado como el–arquetipo– mentiroso…[94].

> …negamos a Dios al negarle su propia relación con nosotros[95].

Algunos lectores han entendido que la primera parte del versículo 23 dice que es imposible para un verdadero cristiano, uno que "tiene al Padre", en algún momento negar al Hijo. Esta interpretación parece inconsistente con otros pasajes (2 Ti. 2:12) además de experiencias humanas. Cristianos genuinos han negado a Cristo, para evitar el martirio, por ejemplo. En el contexto, Juan escribe acerca de una relación permanente en Dios, no solamente una relación salvadora. Así que otra explicación es que Juan quiere

---

[92] Ver *International Standard Bible Encyclopaedia*, 1957 ed., s.v. *"Gnosticism"*, por John Rutherford; o para un resumen de la enseñanza gnóstica, ver Dillow, pp. 158–161.

[93] Ver Barker, p. 295; Brown, p. 112.

[94] Smalley, pp. 110, 111. Cf. Stott, p. 111.

[95] Barker, p. 326.

decir que cualquiera que niega al Hijo no tiene al Padre *morando en él.* En esta postura, uno que niega al Hijo no tiene una relación constante con el Padre. Esto describe a todos los incrédulos y a aquellos creyentes que no permanecen en Dios. Una tercera explicación es que Juan describe algo típico: típicamente aquellos que tienen al Padre no niegan al Hijo, aunque puede haber unas pocas excepciones. No obstante el amplio "todo aquel" en este versículo parece implicar que lo que Juan escribe es la verdad de todo. Prefiero la segunda postura.

La segunda parte de este versículo es el corolario positivo de la primera parte. Confesar al Hijo es lo opuesto a negarlo. Confesar al Hijo resulta en la permanencia del Padre en el que lo confiesa. Confesar al Hijo involucra una confesión pública de fe en él, no solamente ejercitar fe salvadora en él (cf. Ro. 10:9, 10; 2 Co. 4:13). Confianza en el corazón resulta en justicia imputada, y confesar con la boca resulta en salvación (lit. liberación, a saber, de las consecuencias de ser un creyente secreto, que no confiesa). Un cristiano inconstante podría no confesar a Cristo aunque crea en él. Tanto negar a Cristo como confesarlo tratan de dar testimonio personal de la propia fe en él; eso no determina la salvación. Por lo tanto, negar a Cristo no puede resultar en la pérdida de la salvación eterna ni puede obtenerla confesándolo. Si Juan quiere decir que ningún cristiano genuino puede negar al Hijo, el corolario es que cada cristiano genuino debe confesar a Cristo una condición de la salvación además de confiar en él.

Para resumir, Juan les advierte a sus lectores del peligro para su íntima comunión con Dios que posee la enseñanza de aquellos que niegan que Jesús sea el Cristo. Si ellos rechazan al Hijo, no pueden esperar tener una íntima comunión con el Padre.

La principal fuente de confusión en muchos estudios contemporáneos sobre 1 Juan es encontrarse en la falla de reconocer el verdadero peligro en contra de los cuales advierte el escritor.

La salvación eterna de los lectores no está en peligro. Ni siquiera está en duda en cuanto concierne al autor. Pero la seducción del mundo y sus representantes anticristianos son una genuina amenaza que debe enfrentarse[96].

Señales de vivir en la luz 2:24, 25

Juan llama a sus lectores a permanecer en la verdadera doctrina de Jesucristo que los capacitará a permanecer en la comunión con Dios.

2:24

Los cristianos no deben rechazar la verdad que han creído y que resultó en su salvación (cf. los pasajes de advertencia en Hebreos). Tal fidelidad nos capacita a continuar permaneciendo en la comunión con Dios. Juan usa "permanecer" en el mismo sentido en el que Jesús lo usó en el discurso del Aposento Alto. Permanecer se refiere a una íntima relación con Dios determinada por el alcance en el cual caminamos en la luz de la voluntad de Dios que tenemos. Permanecer, comunión y conocer a Dios se refieren a la misma cosa, y las experimentamos gradualmente en vez de completamente o nada (Jn. 15:1-8). La insistencia de Juan que sus lectores realmente conocieran a Dios y su verdad los fortalecería a resistir a los falsos maestros (vv. 12–14, 21).

2:25

Nuestra vida eterna no está en cuestionamiento cuando creemos que Jesucristo es el Salvador, como algunos de los anticristos entonces y ahora lo sugieren. Es seguro porque descansa en la promesa de Dios: "El que cree en el Hijo tiene vida eterna" (Jn. 3:36; et al.)[97].

---

[96] Hodges, *The Gospe...*, p. 55.

[97] Esta es la única vez en todos sus escritos que Juan usa la palabra "promesa".

La importancia de mantener la fe 2:26, 27

2:26

"Esto" a la vista probablemente se refiera a lo que Juan acaba de escribir (vv. 18–25).

El autor concluye su ataque sobre los falsos maestros con una advertencia y una palabra de ánimo a sus seguidores[98].

2:27

La "unción" es el Espíritu Santo" (cf. v. 20). Los lectores tenían al Espíritu Santo dentro de ellos cuyo ministerio es guiar a los creyentes a toda verdad y enseñarnos lo que Dios ha revelado (Jn. 14:26; 16:13). Consecuentemente ellos no dependían de otros maestros humanos, especialmente de los falsos maestros.

De este versículo, algunos cristianos han concluido que no debemos escuchar a ningún maestro humano. No es esto lo que Juan dice. Él quiso que sus lectores recordaran que el Espíritu Santo *es* el maestro, la verdadera fuente de iluminación. Él no excluye a los maestros secundarios a través de los cuales el Espíritu Santo trabaja en la enseñanza. Si esa hubiera sido su postura, no habría escrito esta epístola en la cual les enseña a sus lectores. Su punto es que no debemos buscar a otros seres humanos como la última fuente de nuestro aprendizaje. Por supuesto, el Espíritu Santo usa la Palabra de Dios para enseñarnos (Jn. 16:14, 15). Juan no dice que descartemos nuestra Biblia. Ya que los cristianos inmaduros necesitan a los maestros humanos (He. 5:12), aunque no dependen completamente de ellos, los lectores de Juan parecen bastante maduros en la fe. Dios le ha dado a la iglesia a los maestros humanos como regalo (Ef. 4:11; 1 Co. 12:28; cf. Ro. 12:7).

---

[98] Barker, p. 327.

La unción de los lectores era real. Los falsos maestros parecen haber dicho que Dios los había inspirado, pero no era cierto. Juan les advierte a sus lectores acerca de los falsos maestros que decían tener la revelación más allá de lo que Jesucristo o sus apóstoles habían enseñado. Nosotros simplemente necesitamos permanece en Dios y responder al ministerio del Espíritu Santo a nosotros (cf. Jn. 15:4–7).

Los lectores originales de Juan estaban llevando bien su vida cristiana; todo lo que necesitaban era continuar creciendo. Juan comienza esta sección de su epístola (2:12–27) afirmando su sana condición espiritual (2:12–14). Luego les advierte sobre las seducciones del mundo (2:15–17) y el error de los falsos maestros (2:18–23). Finalmente les recuerda la responsabilidad de mantener la permanencia en Dios (2:24–27).

Hay un paralelo entre lo que Juan urge a sus lectores que hagan en esta sección y su epístola y lo que Moisés les mandó a los israelitas que hicieran. En ambos casos la santidad de Dios demanda que aquellos que llegan al más cercano e íntimo contacto con Dios, en el Tabernáculo y en la iglesia, sea santa. Moisés aboga por renunciar al pecado, obedecer a Dios, rechazar la mundanalidad y mantener la fe en el "Código del pacto" (Ex. 20–23; 25–31), el "código del sacerdocio" (Ex. 35–Lv. 16), y en el "Código de santidad" (Lv. 17:10–25:55). Juan similarmente exhorta a sus lectores a renunciar al pecado (1:8–2:2), obedecer a Dios (2:3-11), para rechazar la mundanalidad (2:12–17), y mantener la fe (2:18–29). En ambos casos el interés del profeta que aquellos bajo su cuidado fueran santos como Dios es santo (Lv. 11:44, 45; 19:2; 20:7; 1 P. 1:15, 16). La santidad es imperativa para que el pueblo de Dios "sepa", "vea" y "tenga compañerismo con" un Dios santo (cf. He. 12:10–14).

Resumen de la exhortación y transición
introductoria 2:28, 29

2:28

Juan introduce la nueva idea del encuentro de los creyentes con Jesucristo a la hora de la muerte o del rapto para motivar a los lectores a continuar cultivando la íntima comunión con Dios. La perspectiva de la reunión sigue siendo la base de la instrucción de Juan a través de 4:19.

El hecho de la venida del Señor es cierto aunque el tiempo es indefinido[99]. Juan quiere decir que el regreso de Cristo por sí mismo podría ser mientras sus lectores todavía estuvieran vivos[100]. Tengamos "confianza" (gr. *parresia*) es libertad u osadía de lenguaje que viene como resultado de una clara conciencia. La idea de Juan es que si caminamos en la comunión con Dios ahora, no nos avergonzaremos cuando nos encontremos con él en cualquier momento que lo veamos (cf. Mr 8:38). La posibilidad de ver a Jesucristo un día pronto debería motivarnos a permanecer en él ahora (cf. Stg 5:8).

Este versículo sirve de transición de la preocupación por los falsos maestros a la preocupación por los hijos de Dios[101].

---

[99] Ver Gerald B. Stanton, *Kept from the Hour*, ch. 6: *"The Imminency of the Coming of Christ for the Church"*, pp. 108–137.

[100] Westcott, p. 81. Ver también A. E. Brooke, *A Critical and Exegetical Commentary on the Johannine Epistles*, p. 65; Charles H. Spurgeon, *12 Sermons on the Second Coming of Christ*, p. 134; George G. Findlay, *Fellowship in the Life Eternal*, pp. 232, 233; Robert S. Candlish, *The First Epistle of John*, p. 213. Otros pasajes que enseñan sobre la inminencia del regreso de Cristo incluyen 1 Co. 1:9; 4:5; 15:51, 52; 16:22; Fil. 3:20; 4:5; 1 Ts. 1:10; 2 Ts. 3:10–12; Tit. 2:13; Stg. 5:7-9; Ap. 3:11; 22:7, 12, 17, 20.

[101] Barker, p. 328. Ver también Smalley, p. 128.

2:29

Debido a que Dios es justo cada constante hijo de Dios demostrará una conducta justa. Hacer justicia es una marca del Padre que Dios reproduce en cada cristiano constante de la misma manera que cada hijo hace las mismas cosas que el padre físico busca que su hijo o hija imite. Intelectualmente sabemos por medio de las Escrituras que Dios es justo. Sin embargo, venimos a saber por la experiencia que ciertas personas son cristianas por la justicia que ellas hacen. El hecho de que algunos injustos se comportan con justicia y que algunos justos se comportan terriblemente no daña esta postura.

III. Vivir como hijos de Dios 3:1–5:13

En la segunda división de este documento (3:1–5:13) Juan se concentra en desarrollar la vida espiritual de sus seguidores, en vez de sostener los ataques a los herejes, algunos de los cuales se habían separado de su iglesia (2:19). Lo último, sin embargo, todavía está a la vista (cf. 3:4, 7; 4:1–6).

La enseñanza de Juan en esta nueva sección sigue el mismo patrón literario de antes. Después de una declaración inicial acerca del carácter de Dios como Padre (3:1–3 [cf. 1:5–7]), se establece un número de condiciones para vivir como hijos de Dios. Estas se balancean casi exactamente con las condiciones para vivir en la luz anunciadas en los capítulos anteriores... La siguiente tabla aclara el paralelo:

"Vivir en la luz (1:5–2:29)	*Vivir como hijos de Dios (3:1–5:13)*
(*a*) Dios es luz	(*a*) Dios es el Padre
(*b*) 1ª condición: renunciar al pecado	(*b*) 1ª condición: renunciar al pecado
(*c*) 2ª condición: ser obediente	(*c*) 2ª condición: ser obediente
(*d*) 3ª condición: rechazar la mundanalidad	(*d*) 3ª condición: rechazar la mundanalidad

table continued on next page....

"Vivir en la luz (1:5–2:29)	Vivir como hijos de Dios (3:1–5:13)
	(e) 4ª condición: tener amor
(f) 4ª condición: mantener la fe	(f) 5ª condición mantener la fe"[102].

A. Dios como Padre 3:1–3

Esta sección introduce la recapitulación y la expansión de Juan de su exposición de lo que es necesario para que la gente tenga comunión con Dios. Él cambia la figura de Dios como luz al Dios como el Padre del creyente.

> Juan comienza la descripción de Dios como Padre (con su correlativo: los creyentes son sus hijos) combinando los temas de la regeneración (v 1) y la parousia (la presencia de Cristo) (v 2). Estas ideas gemelas miran a los anteriores 2:28, 29, donde son encontrados en orden inverso[103].

3:1

La producción de conducta justa en el cristiano que permanece es evidencia del gran amor de Dios hacia nosotros. La Escritura nos llama Hijos de Dios (gr. *tekna*) debido a que es lo que él nos ha hecho. El nombre simplemente expresa la realidad.

"El pensamiento aquí es el de la comunidad del carácter con el prospecto del desarrollo (*teknon*, comp. 2 P. 1: 4), y no de la posición de privilegio (*huios*)"[104].

---

[102] Ibid., p. 139.
[103] Ibid., p. 140.
[104] Westcott, p. 96. Juan nunca usa el título *huios*, "hijo", para describir la relación de los cristianos con Dios. Él reserva *huios* para describir la relación

Los incrédulos no pueden comprender completamente a los hijos de Dios. La razón para esta falta de percepción radica en su falla de comprender a Dios completamente. Debido a que no "conocen" al Padre, no "conocen" a los hijos (cf. Juan 1:12, 13; 5:37; 7:28; 16:3).

El autor quiere que sus lectores sepan que la aprobación del mundo es de temerse, no de desearse. Ser odiado por el mundo puede ser desagradable, pero finalmente podría reasegurarles a los miembros de la comunidad de fe que Dios los ama, lo cual es mucho más importante que el odio del mundo[105].

…el mundo aborrece a los hijos de Dios (3:13), de la misma manera que aborrecieron a Jesús (Jn. 15:18f.), porque ellos no pertenecen al mundo. Este hecho es una prueba más de que los lectores son hijos de Dios: la manera en la que el mundo no los reconoce como de los suyos es prueba de que ellos pertenecen a Dios[106].

3:2

Aunque actualmente somos hijos de Dios todavía no reflejamos completamente su imagen como deberíamos. Sin embargo, cuando (no "si", otra condición de tercera clase) Jesucristo aparezca y lo veamos, experimentaremos la completa transformación (es decir, glorificación). Evidentemente ver a Jesucristo nos transformará física y espiritualmente (cf. 1 Co. 13:12).

---

de Jesús con Dios (cf. 3:2, 10; 5:2).

[105] Barker, p. 330.

[106] Marshall, p. 171.

Un hijo de Dios es aquí y ahora, verdaderamente, como un diamante que es blanco cristal pero sin cortar y no muestra los reflejos brillantes de sus facetas[107].

Él no será nada esencialmente diferente después de esto. Pero será lo que es ahora esencialmente más completo, pero en maneras completamente más allá de nuestros poderes de imaginación[108].

Note que las referencias de Juan a la presencia de Cristo en 2:28 y 3:2 enmarcan las referencias del nuevo nacimiento en 2:29 y 3:1.

3:3

En el entretanto, esperamos ver y conocer a Jesucristo completamente, y la esperanza tiene un efecto purificador en nosotros ahora (cf. 2:1, 6, 29; 3:7, 16; 4:17; Mt. 5:8)[109]. Similarmente en el futuro, ver y conocer a Cristo tendrá un completo efecto purificador en nosotros (cf. 2 Co. 3:18). La esperanza del creyente no es "en él" (es decir "dentro de sí mismo"), sino en Él".

B. Condiciones para vivir como los hijos de Dios 3:4–5:13

Luego de haber establecido el tema de esta sección de la epístola en 3:1–3 (cf. 1:5–7) Juan procede a desarrollar su aserción de que los creyentes son los hijos de Dios a través de Jesucristo.

En la sección anterior, Juan enfatiza la importancia de continuar en Cristo, haciendo lo que es correcto y purificándose a sí mismo en anticipación a su veni-

---

[107] Richard C. H. Lenski, *The Interpretation of the Epistles of St. Peter, St. John and St. Jude*, p. 452.

[108] Westcott, p. 97.

[109] Ver Wayne A. Brindle, *"Biblical Evidence for the Imminence of the Rapture"*, Biblioteca Sacra 158:630 (abril-junio, 2001):149, 150.

da. Ahora trata más de cerca con el lado negativo de esto, la necesidad para los creyentes de abstenerse de pecar y la posibilidad de hacerlo[110].

1. Reafirmación: Renunciar al pecado 3:4-9

Los presentes vv, 3:4–9, forman seis estrofas, cada una dividida… poco más o menos a la mitad. Las dos mitades de las estrofas se balancean una a la otra, la segunda parte del versículo provee un desarrollo de la primera parte (vv 4, 5, 7), o un paralelo (vv 6, 9) o un contraste (v 8)[111].

3:4

El pecado está en oposición a la pureza. Por otra parte, el pecado es muy serio. El uso de la palabra griega traducida como "infracción" (*anosmia*) tienen una connotación de maldad (cf. Mt. 7:23; 13:41; 24:2; 2 Ts. 2:7). Significa rechazo de la ley, flagrante oposición a Dios, en vez de solamente quebrantar la ley de Dios. Evidentemente los falsos maestros tenían un concepto muy ligero del pecado (cf. vv. 7, 8).

3:5

Dos hechos más que el creyente sabe destacan la seriedad del pecado. Jesucristo se encarnó para quitar el pecado, y no había pecado en él. Esta es una fuerte afirmación de la ausencia de pecado en él (cf. 2:1; Jn 8:31–59; 10:30; 17:22; 1 P. 2:22)

> Debido a que Jesús era santo, y sin pecado, así debe volverse el carácter de aquellos que permanecen en él (cf. He. 2:10–4:16; 5:9)[112].

---

[110] Marshall, p. 175.
[111] Smalley, p. 152.
[112] Ibid., p. 158.

El pensamiento dominante aquí no es el sacrificio de Cristo, sino su absoluta enemistad con el pecado en cualquier forma[113].

3:6

Si permanecer en él equivale a ser cristiano, este versículo parece contradecir lo que Juan escribió en 1:8 y en 10. Ahí dice que los cristianos pecan (cf. 2a:1; 15, 29; 3:12, 18; 5:16, 21). También parece contradecir la experiencia personal ya que el cristiano genuino verdaderamente peca.

La clave para entender esta declaración, creo yo, recae en los otros términos que Juan usa en este versículo: "ha visto" y "ha conocido". Juan usa estas palabras a través de su epístola para referirse a un creyente que está caminado en íntima comunión con Dios (1:7; 2:3, 10). Sin embargo, ¿no contradice esta postura lo que Juan dice acerca de la depravación del pecador, aun a los pecadores cristianos? (1:8) Creo que Juan dice que cuando un cristiano camina en comunión cercana con Dios, no peca. El cristiano que permanece nunca repudia la autoridad de Dios sobre él al no hacer nada que resista la ley o la voluntad de Dios mientras permanece en Cristo. Si lo hace, su comunión con Dios sufre. Ya no "conoce" más a Dios en el sentido íntimo. Ya no "ve" más a Dios debido a que ha sido sacado de la luz a las tinieblas.

Así Juan está diciendo (traducido del griego literalmente) 'todo el que vive en él (Jesús) no peca' y con esto él quiere decir en una íntima y continua relación con Cristo (*ho en auto menon*, "el que vive en él", usado en tiempo presente) evita la práctica del pecado…[114].

---

[113] Westcott, p. 103.
[114] Smalley, pp. 158, 159. Cf. Juan 15:5.

No hay ningún pecado en Cristo Jesús (v. 5). Él consistentemente permaneció en el Padre (cf. Jn. 14:9). El cristiano que consistentemente permanece en una persona sin pecado no peca (v. 6). Si pudiéramos permanecer en Cristo sin interrupción, podríamos existir sin pecado. Desafortunadamente no lo hacemos. Algunos cristianos han usado este versículo para apoyar la teoría que los cristianos son sin pecado y perfectos. La Escritura y la experiencia contradicen esta posición (p. ej., 1:8, 9). Otros han usado esto para enseñar que los cristianos habitualmente no pecan, pero esto es muy contrario a la experiencia en la misma Escritura. Defensores de esta segunda postura generalmente la apoyan con el tiempo presente progresivo del verbo griego (*harmartanei*) que ellos toman como "mantenerse pecando".

En los tiempos modernos un expediente popular para lidiar con las dificultades percibidas en 1 Juan 3:6, 9 es apelar al uso del tiempo presente en griego. Es hacer valer que este tiempo necesita una traducción como: "Cualquiera que ha nacido de Dios no *va* pecando, o, 'no peca *continuament*'". La inferencia a extraer de tal interpretación es que, aunque el cristiano puede pecar de alguna manera (¡no se especifica cuánto!) no puede pecar regular o persistentemente. Pero en cualquier terreno, sea lingüístico o exegético, el planteamiento es inexcusable.

Como ha sido señalado por más de un autorizado erudito griego, el atractivo de la conjugación en tiempo presente invita a una profunda sospecha. No hay ningún otro texto griego que se pueda citar donde el tiempo presente en griego, auxiliado por palabras calificativas, pueda llevar esta clase de significado. Verdaderamente, cuando el escritor griego o el orador deseaban indicar eso en acción fuera, o no fuera, continuo, había palabras especiales para expresar esto[115].

Si fuéramos a traducir el v. 1:8 y el 5:16, donde también se presenta el tiempo presente, estos versículos contradirían el 3:6. Involucraría autoengaño decir que no tenemos pecado *continuamente* (1:8) ya que cualquiera que nazca de Dios no peca *continuamente* (3:6). Aún más, si uno que nació de Dios no peca *continuamente* (3:1), ¿cómo un cristiano podría ver a sus hermanos *continuamente* pecando (5:16)? Suponga que traducimos el tiempo presente en Juan 14:6 de la misma manera: "Nadie *continuamente* viene al Padre sino por mí". Esto implicaría que ocasionalmente alguien podría venir a Dios de otra manera. Ningún traductor ortodoxo ofrecería eso como una traducción aceptable de Juan 14:6, y tampoco es aceptable en 1 Juan 3:6.

> ...no es sorprendente que los comentaristas hayan tratado de minimizar la intención de la enseñanza de Juan para referirse meramente a la liberación de los creyentes de su pecado habitual. Pero nosotros no debemos malinterpretar el texto por razones pastorales. Apropiadamente interpretado, el texto sigue siendo una fuente de consuelo[116].

Otra postura dice que la intención de Juan es que nadie que permanezca en Cristo tiene el poder para pecar, o poniéndolo positivamente, los cristianos que permanecen tienen el poder de no pecar[117]. Sin embargo, esta es una idea que el lector debe traer

---

[115] Hodges, *The Gospel...*, pp. 58, 59. Ver también, pp. 159, 160.
[116] Marshall, p. 187.
[117] Smalley, pp. 161, 162, 164, 172.

al versículo. Mientras que es verdad que el cristiano que permanece Cristo tiene el poder de no pecar, esto no parece ser lo que Juan quiere decir aquí. Parece que liga permanecer con no pecar en una relación de causa directa y efecto.

El versículo 4 establece el carácter esencial del pecado, el versículo 5 lo relaciona a la persona y al trabajo de Cristo, y el versículo 6 lo relaciona a toda la raza humana.

3:7, 8

Evidentemente los falsos maestros estaban en peligro de engañar a los lectores de Juan diciéndoles lo opuesto a lo que los apóstoles decían aquí. El punto de Juan aquí era doble: la conducta manifiesta la relación espiritual (cf. 2:29), y Dios odia el pecado (cf. v. 5).

> Al decir que la persona que es un pecador deter-minado (en el sentido sugerido por el v. 6) "es del diablo", Juan está en primer lugar extrayendo del trasfondo de Génesis 3 (1–15), donde el poder del maligno es representado como una serpiente que tienta a la mujer (y a través de ella al hombre) a desobedecer a Dios (la referencia de Caín y Abel en el v. 12 confirma la sugerencia que esta sección del AT está considerada aquí)[118].

3:9

Muchos traductores interpretan el tiempo presente del griego como si dijera ningún cristiano peca habitualmente. Sin embargo, el tiempo presente del griego no siempre indica acción habitual[119]. Frecuentemente describe una acción absoluta. Ya que anterior-mente Juan escribió que los cristianos pecan habitualmente

---

[118] Ibid., p. 168.
[119] Marshall, p. 180; Dodd, p. 79.

(1:6–10; cf. 2:1) la idea de que el cristiano no peca habitualmente parece inconsistente[120].

L razón de que uno nacido de Dios no peca es que ha nacido de Dios. Juan podría decir que el cristiano no tiene pecado porque un Padre sin pecado ha engendrado al cristiano. El cristiano se vuelve un participante de la divina naturaleza sin pecado de Dios cuando experimenta el nuevo nacimiento. El cristiano peca debido a que también tiene una naturaleza pecadora. Sin embargo, en este versículo Juan mira solamente la naturaleza sin pecado de Cristo que mora en nosotros[121].

De nuevo, si fuéramos capaces de permanecer en Cristo sin interrupción, nunca pecaríamos. La naturaleza sin pecado de Cristo controla al cristiano que permanece mientras que la pecadora naturaleza humana controla al cristiano que no permanece.

Esto es, el pecado nunca es el producto de una experiencia de permanencia. Nunca es el acto de un auto regeneración propiamente dicha; por el contrario, el pecado es el producto de la ignorancia y la ceguera hacia Dios [cf. 3:6b].

Ver el pecado como intrínsecamente extraño a lo que somos como gente regenerada en Cristo es tomar el primer paso hacia la victoria espiritual sobre él[122].

---

[120] Ver Robert N. Wilkin, *"Do Born Again People Sin? 1 John 3:9"*, *Grace Evangelical Society News* 5:3 (marzo 1990):2, 3.

[121] Jesús le dijo a Nicodemo que la gente necesitaba experimentar un segundo nacimiento (Jn. 3:5–7). Cada cristiano ha venido a nacer dos veces, una físicamente y la otra espiritualmente. Juan mira la consecuencia de nuestro segundo nacimiento en 1 Juan 3:9.

[122] Hodges, *The Gospel...*, pp. 60, 61.

Juan dice que cuando un cristiano permanece en Dios se comportará como su Padre celestial, y otros reconocerán que él es un hijo de Dios[123].

Si alguien dice: "Un sacerdote no puede cometer fornicación", nadie puede negar que como hombre él puede hacerlo; pero sacerdotes, que funcionan como sacerdotes, no hacen estas cosas. La Biblia usa el lenguaje de manera similar: "No puede el buen árbol dar malos frutos" (Mt. 7:18). Por supuesto, un buen árbol puede producir fruto malo, pero no como resultado de lo que realmente es; un buen árbol. Además Jesús dijo: "¿'Acaso pueden' los que están de bodas ayunar mientras está con ellos el esposo?" (Mr. 2:19). Pueden ayunar, pero es incongruente y antinatural.

Se encuentran nociones similares en el pensamiento paulino. Pablo dice: "He sido crucificado con Cristo, y ya no vivo yo sino que Cristo vive en mí. Lo que ahora vivo en el cuerpo, lo vivo por la fe en el Hijo de Dios, quien me amó y dio su vida por mí". (Gá. 2:20). Si un cristiano peca, su pecado no puede ser expresión [sic], porque su verdadera vida es la de Cristo en él [cf. Ro. 7:20–25].

…cuando un cristiano peca (y Juan cree que puede y lo hará, 1 Jn. 2:1), en tal hecho se está comportando como hijo de Satanás. Quien realmente es no se está

---

[123] Ver Harris, p. 221.

evidenciando. Para usar la frase de Pablo, está caminando como un "hombre carnal" (1 Co. 3:3)[124].

Note la estructura de quiasma del versículo 9. Los versículos 6 y 9 forman un *inclusio*.[125]

A Todo aquel que permanece en él, no peca (6a)

    B Todo aquel que peca… (v. 6b)

A El que hace justicia (. 7)

    B El que practica el pecado (v. 8)

A Todo aquel que es nacido de Dios, no practica el pecado (v. 9).

2. Reafirmación: Obediencia a Dios 3:10–24

Esta segunda condición para vivir como hijos de Dios reafirma la importancia de obedecer la ley de Dios, específicamente el mandamiento de amarse los unos a los otros.

La demanda de obediencia 3:10, 11

3:10

La ausencia o presencia de pecado en la vida del creyente evidencia su relación con Dios o con Satanás. Muestra bajo qué autoridad estamos viviendo. Juan divide el mundo en dos clases: aquellos cuyo origen es divino, o diabólico.

> La palabra clave aquí es "manifiestan". Un cristiano pecador *encubre* su verdadero carácter cuando peca y lo *muestra* solamente a través de santidad. Por otra parte, un hijo de Satanás *muestra* su verdadero carácter a través del pecado[126].

---

[124] Dillow, pp. 168, 169, 172.

[125] Smalley, p. 171.

[126] Hodges, *The Gospel…*, p. 62.

Los cristianos pueden identificarse y lo hacen a través de su comportamiento correcto. Esto no es lo mismo que decir que cada cristiano verdadero sin excepción producirá buenas obras (cf. Jn. 15:1–8). Los cristianos que permanecen en Dios producirán buenas obras, y otros los podrán identificar como cristianos por su comportamiento piadoso. El comportamiento producido y percibido exento de pecado es una manifestación del amor de Dios (v. 1). La ausencia de un comportamiento justo en una vida indica la ausencia de intimidad con Dios. De la misma manera la ausencia de amor por otro hermano cristiano muestra que el individuo que no ama tiene muy poco compañerismo con Dios. El amor es la más importante y particular manifestación de un comportamiento justo. Juan procede a discutir esta característica en forma más completa.

Todo el enfoque del Evangelio es la creación y el fortalecimiento del amor[127].

3:11

El mensaje que Juan y sus fieles seguidores han oído desde el principio fue el mandato de Jesús a sus discípulos de amarse el uno al otro de la misma manera en que él los amaba (Jn. 13:34, 35; 15:12).

La desobediencia y la obediencia en contraste 3:12–15

3:12

La muerte de Abel en manos de Caín evidencia el control de Satanás en vez del de Dios. Caín estaba celoso de la mayor justicia de Abel, y esto lo motivó a asesinar a su hermano (Gn. 4:2–7; cf. Jn 8:40, 42, 44). Frecuentemente nuestro orgullo nos tienta a tener aversión

---

[127] Westcott, p. 109.

por aquellos que son más justos que nosotros porque hacen que nos sintamos culpables al comparar. Esta es la única referencia al Antiguo Testamento en las epístolas de Juan y el único nombre propio, excepto por los nombres de Dios en 1 Juan. Amor y odio son formas típicas de justicia y pecado respectivamente[128].

3:13

Si sentimos un interés de amor el uno por el otro, no deberíamos sorprendernos si la gente injusta nos odia por ser más justo de lo que ellos son. Los cristianos son para el mundo lo que Abel fue para Caín, de manera que no deberíamos sorprendernos si el mundo nos odia. Algunas veces los incrédulos que se enojan con nosotros, por ejemplo, reaccionan más en contra de Dios en nosotros que lo que reaccionan en contra nuestra personalmente.

De central importancia para la victoria cuando un cristiano es sujeto al odio del mundo es el reconocimiento que el odio del mundo es la respuesta natural del mundo pecador hacia la justicia[129].

El autor no dice que el mundo siempre odia a los creyentes. No siempre odia a Jesús. Pero dondequiera que la comunidad de fe actúe así y exponga la envidia, la avaricia, el odio y la maldad del mundo, deberá esperar rechazo; y si va más allá al interferir con las prácticas malignas, deberá esperar sufrimiento y muerte brutal (cf. Juan 15:18, 19, 25; 17:14)[130].

3:14

El amor por otros cristianos muestra la presencia de una nueva vida en nosotros. "Muerte" y "vida" son dos vastas esferas de la

---

[128] Dodd, p. 82.
[129] Hiebert, *"An Expositional…"*, 146:302.
[130] Barker, p. 335.

existencia. El contraste muestra el gran cambio que ha tomado lugar en la vida del creyente. El que no ama del todo es la persona que permanece en muerte en vez de en vida eterna. Juan extremó el caso para clarificar su punto. Sus contrastes son muerte y vida, odio y amor, tinieblas y luz.

3:15

"Todo aquel" incluye a los cristianos. El homicidio es la máxima expresión intrínseca del odio (cf. Mt. 5:21, 22). La clave para la aparente inconsistencia de la declaración que concluye este versículo es las palabras "permanente en él". Juan evidentemente quiere decir que ningún cristiano cuya vida eterna (es decir, Jesucristo; 1:2) tiene el control sobre él, que camina en comunión con Dios, cometerá asesinato. Obviamente algunos creyentes han cometido asesinato, pero ellos no son cristianos que permanecen.

El patrón de la obediencia 3:16–18

3:16

En contraste con el acto homicida de Caín, vemos el amor de Jesucristo al dar su vida por nosotros (cf. Jn. 10:11). Esto es lo opuesto a tomar la vida de otra persona como lo hizo Caín. Jesucristo dio su vida una vez, y nosotros deberíamos dar la nuestra en forma habitual como sacrificio de amor, como lo sugiere el tiempo verbal griego.

> La mayoría de la gente asocia el cristianismo con el mandamiento de amar, y por lo tanto piensan que saben acerca del cristianismo cuando han entendido su enseñanza en términos de su propio concepto de amor. Juan encuentra necesario explicarles claramente a sus lectores qué quiere decir él con amar…

Amar significa estar listo para hacer cualquier cosa por otra gente[131].

3:17

Podríamos no tener la oportunidad de salvar la vida de un hermano muriendo en su lugar. Sin embargo, podemos y debemos hacer lo mejor que podamos, es decir, sostener su vida cuando él tenga necesidades.

3:18

La evidencia de un amor genuino no es la manifestación verbal sino la actuación vital, acciones en vez de palabras (cf. 1 Co. 13:1; Stgo. 2:15, 16).

El principal interés de este pasaje es animar la obediencia y el amor activo de todos aquellos que dicen profesar lealtad a la iglesia juanina[132].

El resultado de la obediencia 3:19–22

3:19, 20

"Y en esto" se refiere a lo que Juan acaba de decir en los versículos 17, 18. Las tangibles demostraciones de amor hacia los hermanos muestran el verdadero carácter del creyente. Estas deben ser un consuelo para nosotros cuando nos sentimos culpables de no haber llenado muchas necesidades, una condición que prevalece no importa cuán generosos podamos ser. Podemos sobreponernos a los sentimientos de falsa culpa recordando que Dios conoce todas nuestras motivaciones verdaderas. Él no juzga basado en la apariencia como nosotros nos juzgamos a nosotros mismos.

---

[131] Marshall, p. 192.
[132] Smalley, p. 199.

Esta frase ["delante de él", v. 19] podría referirse a cuando estemos en la presencia de Dios en el día del juicio (4:17), una ocasión que podría llenar el corazón del hombre con un presagio. Pero el contexto aquí es uno de oración: ¿nos atreveríamos a presentarnos delante de Dios con nuestras peticiones si nos sintiéramos culpables delante de él? Sobre todo, parece que es más lo que Juan tiene en mente (cf. 1 Ts. 1:3; 3:9). Tenemos entonces una suave transición al versículo 21.

Para estar seguros, la ocasión puede generalizarse. Lo que Juan dice puede extenderse a todas y cada una de las ocasiones en las que el creyente esté dudoso acerca de su situación ante Dios[133].

Debemos aquietar nuestro corazón en cualquier cosa que nos condene, porque estamos en comunión con Dios, y ese hecho nos asegura su soberana misericordia[134].

3:21, 22

El verdadero amor por los hermanos demostrado en actos de auto sacrificio capacita al creyente a enfrentar a Jesucristo sin vergüenza en cualquier momento que él aparezca (cf. 2:28). Juan de nuevo enfatiza la importancia de una clara conciencia (cf. 1:7; 2:2; He. 9:9, 14; 10:2, 22; 1 Ti. 1:19). No sentir vergüenza nos puede dar audacia para acercarnos al trono de gracia de Dios en oración aun ahora (cf. Jn. 8:28, 29). Recibiremos nuestras peticiones si tal es la voluntad de Dios. Juan no establece esa condición aquí, pero la menciona luego (5:14, 15).

---

[133] Marshall, p. 199.
[134] Westcott, p. 117.

No hay nada mecánico o mágico acerca de la oración. Para que sea efectiva, la voluntad del intercesor necesita estar alineada con la voluntad de Dios; y tal conformidad de voluntades existirá en tanto el creyente viva en Cristo[135].

La obediencia es la primera condición para la oración contestada, cuando esa oración es ofrecida por un hijo de Dios. La segunda condición es la disposición para servir: la determinación para 'hacer' siempre (*poioumen*, presente) lo que agrada al Dios[136].

El mandamiento de amar 3:23, 24

3:23

Jesús les enseñó a los apóstoles a confiar en él y a amarse los unos a los otros. Esta es la esencia de su enseñanza. Específicamente él les enseñó a confiar en la eficacia de su nombre cuando oraban al Padre (Juan 14:12–15; 16:24). Este es un fundamento más para confiar en la oración.

Creer en este versículo probablemente se refiera a creer para eterna salvación en lugar de creer después de ser cristianos. El tiempo del verbo griego (aoristo) apunta hacia esto como lo hace el objeto de creer, a saber, "el nombre de su Hijo Jesucristo".

3:24

La obediencia resulta en mutua permanencia, Dios en el hombre y el hombre en Dios. Dios "permanece" en cada cristiano obediente, pero él mora en cada cristiano (cf. Jn. 15:4, 5, 7; Ro. 8:9). La evidencia de que el Espíritu de Dios "permanece" en nosotros

---

[135] Smalley, p. 205.
[136] Ibid., p. 206.

es nuestra manifestación de fe (4:1–6) y amor (4:7–16; cf. v. 23). esta es la primera referencia explícita al Espíritu Santo en 1 Juan.

3. Reafirmación: Rechazar la mundanalidad 4:1–6

La "mundanalidad" a la vista aquí, como en 2:12–17, es principalmente una *actitud* equivocada: una determinación a estar anclado a una sociedad que no conoce a Dios (cf. 3:1…). Pero mientras que en la sección anterior Juan muestra que la actitud mundana puede asociarse con las posesiones materiales y las ambiciones ("as cosas que están en el mundo" como en cf. 2:15, y la referencia a "la vanagloria de la vida" v 16), aquí el escritor contrasta a Dios y al 'mundo' principalmente en términos de verdad y error…[137].

"El campo de batalla no es tanto la comunidad eclesiástica en sí misma como el corazón del creyente"[138].

Juan muestra que el comportamiento justo del cristiano lo identifica a él o a ella como cristiano (2:29–3:10a) y que el amor de los hermanos y la calidad en la oración caracterizan este comportamiento (3:10b-24). Seguidamente él señala que este comportamiento es una manifestación de Dios quien mora en el creyente.

4:1–3

Es necesario distinguir al Espíritu de Dios de los falsos espíritus (es decir, espíritus que defienden la falsedad) debido a que muchos falsos profetas han llegado al mundo. Los falsos espíritus (discursos o personas inspiradas por espíritus opuestos a Cristo) resultan en enseñanza falsa. La pregunta examinadora de Juan por medio de la cuál uno puede determinar si el espíritu de Dios o el espíritu de falsedad posee a una persona era esta. ¿Qué cree la persona acerca

---

[137] Ibid., p. 215.
[138] Malatesta, p. 283.

de Jesucristo? Si alguien niega la encarnación de Jesucristo, –una herejía que los falsos maestros promocionaban entre los lectores originales de Juan– éste tiene el espíritu del anticristo (cf. 2:18-27). Esto es, una negación de la doctrina de Cristo como la enseñaron los apóstoles, una desviación de la cristología ortodoxa, evidencia un espíritu opuesto a Jesucristo.

> La prueba de la presencia del Espíritu Divino es la confesión de la encarnación, o más exactamente, del Salvador encarnado. El evangelio se centra en una persona y no en una verdad, aún la más grande, acerca de la Persona[139].

4:4

Los lectores de Juan hasta el momento habían vencido a estos oponentes de Jesucristo por el Espíritu Santo que moraba en ellos ("el Espíritu que nos ha dado", cf. 3:24; 4:2, 13). El Espíritu Santo es más fuerte que Satanás ("el que está en el mundo"). Vencemos a Satanás, a sus agentes y su influencia cuando resistimos sus tentaciones a dudar, negar, ignorar y desobedecer la Palabra de Dios (1 P. 5:9; cf. Gn. 3; Mt. 4)[140].

4:5

Las enseñanzas del anticristo tienen un atractivo para la mente mundana porque vienen del mundo y comparten el punto de vista del mundo (cf. Juan 3:31).

> El término "mundo" (*kosmos*) es probablemente entendible de dos maneras: como un sistema de pensamiento antitético de la creencia cristiana y

---

[139] Westcott, p. 140.

[140] "Tú eres de Dios" es el centro del quiasma que comprende los versículos 2-6. Smalley, p. 216.

como una descripción de aquellos miembros de la comunidad que fueron arrastrados por los falsos maestros. Que algunos miembros de la comunidad fueran fácilmente persuadidos a abandonar la verdad del evangelio no debería confundir al fiel[141].

La palabra "mundo" tiene varios matices o significados; en el versículo 3 significa más de un área habitada por hombres, pero en el versículo 4 se refiere más a la naturaleza pecaminosa, mientras que en el versículo 5 el énfasis está más en el principio pecaminoso encontrado en tales personas[142].

4:6

"Nosotros" probablemente se refiere a los testigos apostólicos como en otras partes de esta epístola, pero también incluye a los fieles. Aquellos creyentes que "conocen" a Dios íntimamente responden positivamente a la enseñanza de los apóstoles. Por la doctrina apostólica sabemos si una enseñanza es la verdad o un error, es decir, tiene su fuente en el Espíritu Santo o en Satanás. La manera de distinguir la verdad del error es compararla con lo que las Escrituras enseñan.

Cuando la gente confiesa que Jesús vino en carne, cuando oyen que Dios les habla en el evangelio de su Hijo y son obedientes a eso, entonces el "Espíritu de la verdad" ha estado presente y activo. Cuando la gente niega el evangelio, cuando no lo escuchan como la Palabra de Dios y no confiesan que Jesucristo ha

---

[141] Barker, p. 341.
[142] Marshall, p. 209, n. 18.

venido en carne, entonces el "espíritu de falsedad" ha estado trabajando[143].

Si la cuestión de Juan advierte a sus lectores en contra de ser tomados por los falsos profetas (2:24; 2 Jn. 7–11), él parece haber creído con la posibilidad de que los verdaderos creyentes se vayan descarriados[144].

4. Practicando el amor 4:7–5:4

Al insertar esta condición, Juan interrumpe la simetría que existe entre las dos mitades de esta carta…, porque no se le da trato separado a la idea del amor en sí misma en 1:5–2:29. Sin embargo, a estas alturas la discusión del amor hace eco del mandamiento de ser obediente (por amor) considerado en 2:3–11, y la demanda paralela de amor obediente que el autor establece en 3:10–24. Verdaderamente, la presente sección descubre precisamente la naturaleza del amor el cual se le demanda a cada creyente, y por lo consiguiente debe ser visto como una extensión de la enseñanza contenida en 2:3–11 y 3:10–24. Anteriormente, Juan relaciona el mandamiento de amar a la "luz verdadera" la cual está brillando (2:8, 10), y a la "vida eterna" de la cual el amor es la evidencia (3:14, 15). Ahora relaciona el requisito de amor cristiano a la mismísima naturaleza de Dios mismo. Tenemos que amar como respuesta al propio amor de Dios, y a su amorosa actividad en Cristo y en la iglesia[145].

---

[143] Barker, p. 341.
[144] Marshall, p. 210.
[145] Smalley, p. 235.

Este pericopio contiene un exhaustivo trato de la naturaleza del verdadero amor.

La fuente del amor 4:7–10

4:7

El amor, como la fe (es decir, el reconocimiento de la verdadera doctrina de Cristo, vv. 1–6), es un fruto del Espíritu de Dios. El creyente (uno "nacido de Dios") que además "conoce" a Dios (es decir, tiene íntima comunión con él) ama (cf. 2:3–5).

> El amor del cual disfruta el Nuevo Testamento involucra una pasión consumidora por el bienestar de otros, y este amor tienen su fuente en Dios[146].

Este versículo es un conciso resumen del argumento de toda la epístola.

4:8

La ausencia de amor muestra que una persona no tiene una íntima comunión con Dios. No necesariamente muestra que nunca ha nacido de Dios. Debido a que Dios es luz, aquellos que permanecen en él andan en su luz (1:5, 7). Debido a que Dios es justo, aquellos que permanecen practican la justicia (2:29). Simplemente así, Dios es amor y aquellos que permanecen en él manifiestan su carácter amoroso"[147].

> Toda su actividad es una actividad de amor. Si crea, crea en amor; si gobierna, gobierna en amor; si juzga, juzga en amor. Todo lo que hace es la expresión de su naturaleza–amar[148].

---

[146] Bruce, p. 107.

[147] Dios es también espíritu (Jn. 4:24) y fuego (He. 12:29).

[148] Dodd, p. 110.

"Dios es amor" es correctamente reconocido en esta epístola como una de las altas culminaciones de la divina revelación. Lógicamente la declaración se presenta paralela a "Dios es luz" (1:5) y 'Dios es espíritu' (Jn. 4:24) como una de las tres grandes expresiones juaninas de la naturaleza de Dios... "Dios es espíritu" describe su naturaleza metafísica, aunque "Dios es luz" y "Dios es amor" trata de su carácter, especialmente la manera en la que se ha revelado a sí mismo a los hombres[149].

4:9

La prueba del amor de Dios por la gente es que él envió a su único Hijo engendrado (lit. el único nacido) para que nos proveyera vida eterna (cf. Jn. 1:14, 18; 3:16).

4:10

Esta no es una respuesta al amor del hombre hacia Dios. Dios tomó la iniciativa de alcanzarnos (v. 10). Jesucristo se volvió en el 'Hijo que fuera ofrecido como sacrificio' (NVI) por el perdón de nuestros pecados.

La inspiración del amor 4:11–16

4:11

La demostración del amor de Dios es el modelo para nosotros de cómo mostrarles el amor a otros. Así como Dios manifestó el amor en (entre) nosotros enviando a Jesucristo, de la misma manera manifiesta su amor entre nosotros ahora cuando nos amamos unos a otros (vv. 12, 13).

---

[149] Marshall, p. 212.

4:12

Nadie ha visto a Dios en su pura esencia sin alguna clase de filtro (cf. Jn. 1:18)[150]. En cualquier momento que nos amemos los unos a los otros hacemos posible que Dios "permanezca" en comunión cercana con nosotros. Por otra parte, el amor de Dios alcanza una llenura y profundidad en nosotros que es posible solamente cuando nos amamos unos a otros. Llega a todo su esplendor (v. 19).

Hay tres etapas en el amor de Dios en 1 Juan. Estas etapas son el amor manifestado en el mundo (4:9), amor dado a la familia de Dios (3:1), y el amor perfeccionado en un grupo más pequeño dentro de esta familia (es decir, aquellos que permanecen en Dios, 4:12). El amor de Dios no alcanza su perfección hasta que encuentra objetos de amor más allá de sí mismo. Cuando esto pasa, Dios, a quien nadie ha visto, será visible en esta manifestación de amor.

"El amor de Dios por nosotros se perfecciona solamente cuando se reproduce en nosotros o (como podría significar) 'entre nosotros' en el compañerismo cristiano"[151].

El mismo fenómeno ocurre en las familias humanas. Cuando un hijo dice o hace algo como sus padres, vemos al padre en el comportamiento del hijo (cf. 3:9).

"El amor de Dios exhibido en su pueblo es la más fuerte apologética que Dios tiene en el mundo"[152].

4:13

Un creyente que permanece en Dios y Dios permanece en él o ella se evidencia a través del amor que viene del Espíritu de

---

[150] Ejemplos en los cuales el escritor bíblico dice que personas vieron a Dios fueron teofanías, manifestaciones de Dios en formas humanas o angélicas (p. ej., Gn. 18:1–22; Ex. 33:18–23; et al.). Ver *Baker's Dictionary of Theology*, s.v. *"Theophany"*, por Wick Broomall.

[151] Stott, p. 164. Cf. Westcott, p. 152.

[152] Bruce, p. 109.

Dios. El Espíritu Santo es la fuente del amor del creyente que permanece, de la misma manera que él es la fuente de nuestra obediencia (cf. 3:23, 24).

4:14

La presencia de Dios es observable en medio de los cristianos que se aman los unos a los otros. Dios produce ese amor. La mayoría de los lectores de Juan no habían visto, y ninguno de nosotros, a Jesucristo en carne como lo vieron los apóstoles. Sin embargo, nosotros podemos ver a Dios también y podemos testificar junto con los apóstoles que Dios envió a Jesucristo al mundo. Podemos compartir la experiencia de los apóstoles que Juan dice que era su meta al escribir esta epístola (1:1–4). Podemos ver a Dios tanto en la manifestación de su amor y en la vida de Dios detrás de ese amor cuando observamos que los cristianos se aman unos a otros. Este versículo entonces es un punto fuerte en el argumento de Juan[153].

4:15

Confesar que Jesús es el Hijo de Dios no es la única condición para permanecer en Dios. Es una evidencia que alguien está permaneciendo. Uno que no permanezca puede o no hacer esta confesión. La confesión es el último paso, el paso de testificar (cf. 1:9; 2:23; 4:3; Ro. 10:9, 10).

4:16

Este versículo resume esta sección (3:24–4:16; cf. Jn. 6:69). Juan habla de íntimo conocimiento ("hemos conocido") y de íntima comunión ("permanece"). "Nosotros" incluye a los lectores junto con los apóstoles. "Para con nosotros" debería ser "entre nosotros".

---

[153] Este es el único lugar en las epístolas de Juan donde usa el término "Salvador". También aparece solamente una vez en su Evangelio (4:42).

Las etapas en el pensamiento de Juan a estas alturas han emergido claramente. Fe (reconocer a Jesús
como el Hijo de Dios, v 15; y confiar en el amor
que Dios tiene por nosotros, v 16a) lleva a un mutuo
residir entre Dios y el creyente. Tal relación personal
es consecuentemente expresada en y perpetuada a
través de "permanecer en amor" (v 16b). El amor del
creyente, por Dios y por la otra gente (o por Dios en
otra gente, cf. v 12), debe ser activo y sostenido[154].

El punto de Juan en esta sección era que sus lectores vieran
a Dios en el mismo sentido en el que los apóstoles lo habían visto.
Los apóstoles habían visto a Dios en que habían visto a su Hijo,
Jesucristo. Dios había revelado su amor a los apóstoles a través
de Jesucristo. Los lectores habían visto a Dios en que lo habían
visto en su Espíritu morando en los creyentes que permanecían.
Por consiguiente, los lectores de Juan podían ser testigos de la
verdad como lo hicieron los apóstoles, y podrían disfrutar de la
misma verdad como lo hicieron los apóstoles, y podrían disfrutar la
misma comunión íntima con Dios como lo hicieron los apóstoles.

La práctica del amor 4:17–20

4:17

Nuestro amor se vuelve completo en el sentido de que ahora
nosotros tenemos la confianza cuando esperamos nuestro día
de juicio (es decir la evaluación de nuestras obras ante el trono
del juicio de Cristo; 1 Co. 3:12–15; 2 Co. 5:10). La característica
de Dios y de los cristianos a la vista aquí es nuestro amor. No
tenemos que temer el juicio de Cristo si hemos demostrado amor
hacia otros. Amando nos volvemos como Jesucristo nuestro Juez.
Por lo tanto, dar amor es ganar fortaleza (confianza).

---

[154] Smalley, p. 256.

Aquí (NVI) Juan dice que el amor de Dios alcanza la perfección "entre nosotros" (gr. *meth hamon*) mientras que en 4:12 (RV–1960) escribe que su amor alcanza la perfección "en nosotros" (gr. *en hamin*). Cuando alcanza perfección *en* nosotros, existe una apropiada comunión con Dios, es decir, no hay temor.

Como Jesús permanecía en su Padre y por consiguiente tenía confianza al enfrentar las pruebas y la muerte, de la misma manera nosotros podemos permanecer en Cristo y tener confianza a pesar de la hostilidad del mundo[155]. Permanecer en Dios le dio a Jesús confianza, y también nos da confianza a nosotros.

4:18

Cuando amamos a otros, no tenemos bases para el temor cuando esperamos el tribunal de juicio de Cristo. La persona que ama es, por supuesto, la persona sobre la que Dios está ejerciendo su influencia controladora (es decir, un cristiano que permanece). Un cristiano que no ama a otros se siente culpable y teme encontrarse con su Juez. Este temor es un castigo. Su conciencia lo castiga. Un cristiano que ama a otros puede tener otros temores, pero no necesita temer el tribunal de Cristo. El hecho de que ama a otros demuestra que su relación con Dios es esencialmente lo que debe ser.

Juan usa aquí el amor por Dios y por otros de la misma manera que lo hace en esta epístola (p. ej., 2:3–11). Quiere decir que es la más importante manifestación de la apropiada comunión con Dios, no la única manifestación.

A nivel humano, sólo la completa aceptación de otra persona removerá el temor en el amor. Por ejemplo, en un matrimonio una relación de amor que está libre de temor es una en la cual hay un compromiso a demostrar la total aceptación de la pareja. Un completo perdón es también necesario para tener una relación transparente (Ef. 4:31, 32).

---

[155] Barker, p. 346.

4:19

Nuestra habilidad para amar y nuestra práctica de amar vienen del amor de Dios hacia nosotros. Necesitamos no temer delante de nuestro Juez porque lo amamos y él nos ama. Este versículo es el clímax del cuerpo de esta epístola.

El fundamento final de la seguridad cristiana (que incluye confianza en el día del juicio, v 17) no está basado en *nuestro* amoroso, no obstante "perfecto" (v 18), sino en el anterior amor de Dios por nosotros...[156].

La confianza es una de las mayores consecuencias de tener una íntima comunión con Dios. Podemos tener confianza de encontrarnos con Jesús cuando él vuelva por nosotros o cuando muramos (2:28). Por otra parte, podemos tener confianza en la oración (3:21, 22) y confianza cuando estemos delante del trono del juicio para dar cuentas de nuestra mayordomía (4:17-19).

4:20

Decir que se ama a Dios es un pobre sustituto de un genuino amor por los hermanos. El versículo 19 deja la puerta abierta para la posibilidad de tal afirmación. Juan por lo tanto aclara que decir que se ama a Dios no es una verdadera demostración de amor. Amor por un Dios no visto encontrará su expresión en el amor por los hermanos a quienes sí podemos ver. Es más fácil amar a alguien a quien podemos ver que amar a alguien a quien no podemos ver.

---

[156] Smalley, p. 261. Cf. Dodd, pp. 122, 123.

El mandamiento de amar 4:21–5:4

4:21

Por otra parte, Dios nos manda tanto que lo amemos a él mismo como a nuestros hermanos; no solamente a él mismo (2:3; 3:23, 24; 5:3). Aquí hay otra falsa afirmación (cf. 1:6, 8, 10; 2:4, 6, 9, 22; 5:10).

"Mucha de la expresión verbal de devoción por la persona de Cristo puede coexistir con una extremada actitud no cristiana hacia el pueblo de Cristo…"[157].

> Es fácil tener una clase de amor por Dios que no reconozca la obligación de amar a otros. Tal amor por Dios queda corto de ser un real amor por él, ya que falla al obedecer sus mandamientos[158].

5:1

La primera parte de este versículo es una de las claras declaraciones en la Escritura en las cuales una persona tiene que creer para ser salvo. Tenemos que creer que Jesús de Nazaret es "el Cristo" (es decir, el Ungido a quien Dios prometió proveer como sacrificio sustituto por los pecados del mundo).

Nuestros hermanos y hermanas son aquellos que creen que Jesús es el Cristo. Aunque tengamos poco en común con algunos cristianos, todavía los podemos amar porque compartimos al mismo Padre y somos miembros de la misma familia.

5:2

Tenemos que amar a los otros cristianos para ser obedientes a los mandamientos. El genuino amor por Dios resultará en obediencia a sus mandamientos. Este amor se expresa a sí mismo en acción,

---

[157] Bruce, p. 115.
[158] Marshall, p. 226.

no solamente emoción. Amamos a otros cristianos mejor cuando obedecemos a Dios.

5:3

La prueba fundamental de amor por Dios y por el hombre es la obediencia a la Palabra de Dios. Esto debe incluir disposición a sacrificarnos por nuestros hermanos (cf. 3:10–17). Es muy fácil probar nuestro amor por Dios. ¿Cuán comprometidos estamos a ser completamente obedientes a su voluntad? Esa es la medida de nuestro amor.

El amor por Dios y por sus hijos es esencialmente obediencia a los mandamientos de Dios. No es tan crucial cómo nos sentimos acerca de Dios y de otros creyentes sino cómo escogemos relacionarnos con ellos.

Los mandamientos de Dios no son cargosos (opresivos, tanto como el aplastante amor) porque cada creyente ya ha ejercido la fe en Dios que es esencial para la obediencia (cf. Mt. 11:30; 1 Jn. 4:4).

5:4

Cada cristiano ha vencido al mundo por su fe inicial en Jesucristo. Para continuar venciendo y obedeciendo a Dios todo lo que necesitamos es continuar ejercitando fe en Dios (cf. Ro. 8:27; 1 Co. 15:57).

5. Reafirmación: Guardar la fe 5:5–13

Aquí Juan establece su quinta y última condición para vivir como hijos de Dios (cf. 2:18–29).

> Nosotros *podemos* creer, y por lo tanto *debemos* mantener la fe[159].

---

[159] Smalley, p. 274.

En la sección anterior (4:7–5:4) Juan entrelazó los temas de fe y obediente amor. En esta sección enfatiza la fe y el testimonio que apoya la fe. Ideas que sirven de corolario son la victoria y la vida.

5:5

Continuar venciendo no es algo automático para los cristianos. No todos los cristianos vencen el mundo (cf. 2 Tim. 4:10). Solamente aquellos que continúan viviendo por fe (es decir, confían en Dios y lo obedecen). Además nadie vence el mundo a menos que crea que Jesús es el Hijo de Dios. Esa confianza es la clave para cada una y todas las superaciones. Obviamente cada creyente vencerá al mundo cuando lleguemos al cielo, pero ese pensamiento es extraño al contexto aquí.

5:6, 7

Esta "agua" probablemente se refiere al bautismo en agua de Juan. La "sangre" probablemente se refiere a su muerte por crucifixión.

La verdadera identidad de Jesús, parece decir el escritor. Solamente se descubre mirando toda su vida, incluyendo su final[160].

Algunos falsos maestros en la iglesia primitiva enseñaban que el divino Cristo descendió en el humano Jesús en su bautismo pero lo dejó antes de su crucifixión[161]. Juan repite esta enseñanza en este versículo. Él considera esta enseñanza falsa porque no proviene del Espíritu Santo (v. 7) quien es la verdad (cf. Jn. 14:17; 15:26; 16:13).

---

[160] Ibid., p. 278.
[161] P. ej., Cerinthus y otros gnósticos.

5:8

Realmente hay tres testigos de la verdad. Estos testigos son el Espíritu Santo que enseña a través de los apóstoles y los profetas, el agua del bautismo de Jesús, y la sangre de su crucifixión. Juan personifica los últimos dos en este versículo. El testimonio de los testigos oculares y de los profetas así como el de los eventos históricos afirma el carácter divino y humano de Jesucristo.

5:9

Dios dio su testimonio con respecto a su Hijo a través de los profetas, en el bautismo de Jesús (Mt. 3:7; Jn. 1:32, 33, 34), y en su crucifixión (Jn. 19:35–37). Los tres testigos vienen finalmente de Dios.

5:10

Luego de haber hablado del *carácter* del divino testimonio sobre Jesús (vv. 6–9) Juan pasa a discutir los *resultados* de esos testigos (vv. 10–12). El testigo es la verdad acerca de Jesucristo que el Espíritu Santo que mora produce. Este puede ser el testigo objetivo de la Escritura, o puede ser un testigo subjetivo en el corazón del creyente. Probablemente el Espíritu testifica de dos maneras. Si alguien no cree su testimonio, está diciendo que Dios ha mentido (cf. 1:10). Juan aclara las implicaciones de rechazar el evangelio en términos severos.

> El autor, en este caso, no puede permitir que uno que confiese creer en Dios, como lo hicieron sus oponentes, aún rechace el testimonio de Dios de su propio Hijo. Tal rechazo no puede ser excusado con base en la ignorancia. La evidencia es muy clara y de mucho peso. En vez de eso, es escepticismo deliberado el carácter del cual al final impugna el verdadero

ser y carácter de Dios. Su Jesús no es el propio Hijo de Dios en carne, entonces Dios ya no es más la verdad. Él es el mentiroso[162].

5:11, 12

Este es el contenido del testimonio de Dios. La vida eterna es inseparable de la persona de Jesucristo.

> La vida "eterna" es cualitativa, no cuantitativa: es la más alta *clase* de vida espiritual y moral, sin tener en cuenta el tiempo, la cual Dios capacita al creyente a compartir en relación con Jesús[163].

Algunos de los falsos maestros parecen haber tratado de separarlos (cf. 2:25, 26). Jesucristo y la vida eterna son un único regalo de Dios.

5:13

La frase "estas cosas" evidentemente se refieren a lo que Juan acababa de escribir acerca del testimonio de Dios (vv. 9–12) en vez de a toda la epístola. "Estas cosas" en 2:1 de la misma manera se refieren a lo que inmediatamente precede en 1:5-10, y "esto" en 2:26 se refiere a lo que precede inmediatamente en 2:18–25[164]. Juan establece el propósito de toda la epístola en 1:3, 4[165].

> Esta aserción [es decir, v. 13] es muy frecuente y equivocadamente tomada como una declaración del propósito de toda la epístola... Pero es contraria a la costumbre del escritor[166].

---

[162] Barker, p. 352.

[163] Smalley, p. 287.

[164] Ver Robert N. Wilkin, *"Assurance: That You May Know' (1 John 5:11–13a)"*, *Grace Evangelical Society News* 5:12 (diciembre, 1990):2, 4.

[165] Westcott, p. 188.

[166] Hodges, *The Gospe...*, p. 51. Cf. Wilkin, *"Knowing God..."*, p. 3.

Nuestra seguridad de la salvación descansa en el testimonio de Dios, su promesa (v. 12). No descansa en la presencia de fruto espiritual (cf. Juan 15:12). Descansa en la Palabra de Dios, no en las obras del hombre.

John MacArthur declaró creer que la seguridad del cristiano descansa tanto en las promesas objetivas de Dios en la Escritura y en la evidencia subjetiva de las obras del creyente.[167] Sin embargo, la siguiente cita de él, parece fundamentar nuestra seguridad solamente en la evidencia subjetiva.

> Aquellos que se adhieren a la *promesa* de la vida eterna pero no les importa nada la santidad de Cristo no tienen nada de que estar seguros. Tal gente realmente no cree. Aún si profesa "fe" en Cristo, es un completo engaño, o ellos están simplemente engañados. Si ellos tuvieran verdaderamente sus esperanzas fijas en Cristo, se purificarían a sí mismos, así como él es puro (3:3)[168].

---

[167] John MacArthur, *Faith Works*, pp. 162–166.
[168] Ibid., p. 171. El énfasis es suyo.

IV. Conclusión:
Confianza cristiana 5:14–21

Juan concluye esta epístola discutiendo la confianza que un cristiano tiene caminando en la luz como hijo de Dios.

A. Confianza en acción: Oración 5:14–17

5:14, 15

La oración es otra expresión de la fe del creyente en Jesucristo y la confianza hacia Dios (cf. 3:21).

> La oración no es una batalla, sino una respuesta; su poder consiste en levantar nuestra voluntad a Dios, no en tratar de traer su voluntad hacia nosotros...[169].

En el contexto anterior el tema es principalmente la obediencia a la voluntad de Dios (vv. 3b–13). El punto de Juan es que cualquiera que necesite ayuda, pero particularmente ayuda para obedecer a Dios, la podemos pedir en oración confiadamente (cf. 2:28; 3:21; 4:17). Él condiciona la promesa "cualquiera" (v.15) con "conforme a su voluntad" (v. 14). Dios oye todas las oraciones, por supuesto, porque él es omnisciente. Sin embargo, las oye en el sentido de que las oye favorablemente debido a que somos sus hijos que piden ayuda para hacer su voluntad. Él siempre garantiza esa clase de petición.[170] Sabemos que la voluntad de Dios es a través de la Escritura.

---

[169] Smalley, p. 295. Cf. Law, p. 301.

[170] Ver Thomas L. Constable, *"What Prayer Will and Will Not Change"*, en *Essays in Honor of J. Dwight Pentecost*, pp. 99–113; idem, *Talking to God: What the Bible Teaches about Prayer*, p. 170.

Pero, si la oración se hace de acuerdo a la voluntad de Dios, ¿para qué orar? Seguramente su voluntad se llevará a cabo sea que oremos o no para que se cumpla. Hablar en esos términos es asumir que la voluntad de Dios debe ser entendida de una manera estática, como si Dios hubiera hecho un detallado plan antes de que todo pasara –incluyendo el hecho de que vamos a orar de una manera particular en un tiempo en particular–. Sin embargo, mientras la Biblia habla del plan de Dios y el propósito para el mundo, hablando en términos deterministas es inconsistente con la libertad que la misma Biblia les asigna a los hijos de Dios, y el castigo devastador sobre la idea bíblica de una relación personal que existe entre Dios y sus hijos[171].

Confiar en Jesucristo es por lo tanto básico para tener éxito tanto en la vida cristiana como lo es para obtener la vida eterna.

5:16

Juan explica que la oración debe extenderse hacia las necesidades de otros. Él hace esto para clarificar más lo que involucra el amor entre los hermanos. El tema general de este versículo es la oración por un cristiano en pecado. Podemos aclarar el sentido de este versículo y del próximo insertando la palabra "prematura" antes de cada vez que aparece la palabra "muerte". Algunos pecados traen el pronto juicio y resultado en la muerte física prematura del pecador (p. ej., Hch. 5:1–11; 1 Co. 5:5; 11:30). Otros no. El hecho de que es muy difícil, si no imposible, para nosotros hoy

171 Marshall, p. 244.

distinguir estos tipos de pecado no nos deben llevar a concluir que no existe esa distinción (cf. He. 6:4–6; 10:26–29). Bajo el Antiguo Pacto los pecadores que repudiaban el pacto morían debido a que el repudio representaba un rechazo mayor a la autoridad de Jehová. El escritor de los Hebreos les advierte a sus lectores que el repudio al Nuevo Pacto podría resultar en juicio inevitable sin posibilidad de arrepentimiento (He. 6:6; 26, 27). El repudio al Nuevo Pacto involucra rechazar a Jesucristo. Este debe ser el pecado que lleva a la muerte que Juan menciona aquí.

La iglesia primitiva tomó mucho más seriamente que nosotros la posibilidad que una persona pecara más allá de la esperanza de redención[172].

En el caso de pecado que lleva a muerte prematura, Juan advierte que la oración no evitará las consecuencias. Por lo tanto, orar en estas situaciones no ayudará. Sin embargo, Juan no dice que debemos refrenarnos de orar acerca de esto. No podemos saber si un pecado es uno de los que Dios juzgará con muerte prematura. En tales casos, podemos orar que la voluntad de Dios sea hecha en un cristiano pecador[173].

…las advertencias de Juan en contra del pecado, y el fallo a mantener una fe ortodoxa (2:24; 2 Jn. 8, 9), muestran que aunque él espera que sus lectores caminen en la luz como hijos de Dios (1:7; vv 18, 19), no ignora la posibilidad que algunos miem-

---

[172] Ibid., p. 249. Ver también Westcott, pp. 209-214.

[173] Ver W. Robert Cook, *"Hamartiological Problems in First John"*, Biblioteca Sacra 123; 491 (julio-setiembre 1966):257–259; y C. Samuel Storms, *Reaching God's Ear*, pp. 241–253.

bros que creen, pero que tienen inclinación herética puedan volverse apóstatas[174].

Muchos cristianos han fallado al reconocer que pecar siempre lleva a la muerte aun entre cristianos (Ro. 6:23). Aunque es verdad que los no cristianos experimentarán muerte espiritual (eterna separación de Dios), nosotros normalmente experimentamos las consecuencias físicas de nuestro pecado. El hecho de que todos moriremos físicamente es la prueba de esto. Por supuesto, la excepción es los cristianos a los que Dios trasladará cuando el Señor Jesús regrese por los suyos.

Una pregunta más específica es si el pecado que lleva a la muerte puede ser cometido por aquellos que son verdaderamente hijos de Dios… Una cantidad de eruditos ha tratado de mostrar que esto no ha de haber sido lo que Juan quiso decir. Por lo tanto, se ha argumentado que la gente en cuestión meramente se ha disfrazado de cristianos pero en ningún momento creyeron verdaderamente en Jesús. Por lo consiguiente, el pecado que lleva a la muerte debe ser entendido como un pecado de incrédulos que los creyentes en principio no harían.[175] No obstante, este punto ha de permanecer dudoso. El hecho que Juan necesite advertirles a sus lectores que en caso de pecar y fallar continúen en la verdad y en la doctrina de Cristo (2:24; 2 Jn. 7–11) sugiere que totalmente no excluye la posibilidad de que una persona abandone su fe por la apostasía [cf. He. 6:4–6; 10:26–31]. A pesar de eso, era su clara expectativa que sus lectores continuarían en la fe sin abandonarla[176].

5:17

Debido a que no todo pecado lleva a muerte prematura debemos orar por los hermanos cuando ellos pequen (cf. 1:9). Orar por un

---

[174] Smalley, p. 299.
[175] P. ej., Stott, pp. 186–191.
[176] Marshall, pp. 249, 250.

cristiano en pecado es una demostración concreta de amor por el hermano o la hermana (3:23).

Estos versículos no distinguen entre pecado mortal (imperdonable) y pecado venial (perdonable) como la teología católica romana usa estos términos.

Debemos demostrar interés por la obediencia de otros así como por la nuestra. Cuando nos interesamos por nuestra obediencia nos interesaremos por la obediencia de nuestros hermanos. Dios nos da vida eterna, pero les podemos dar vida física a otros en algunas situaciones cuando le pedimos a Dios en oración que sea misericordioso con ellos.

B. Certeza del conocimiento: Seguridad 5:18–20

Juan concluye esta epístola sintetizando los principales pensamientos que ha presentado reforzándolos y revisándolos para sus lectores. "Sabemos" muchas cosas como resultado de lo que Jesús enseñó y de lo que Juan enseñó.

5:18

"Sabemos" introduce este versículo y los siguientes dos versículos. Juan probablemente quiso decir: que nosotros los apóstoles sabemos (entendemos) y ahora ustedes lectores también saben en vista de lo que he escrito en esta epístola.

Como en 3:9, Juan afirma que la naturaleza básica de uno que tiene a Dios como su Padre espiritual no es la pecadora. Por otra parte debido a que el nuevo hombre en Cristo posee la naturaleza sin pecado de Cristo, Juan podría decir que Cristo lo mantiene alejado del pecado (cf. Jn. 17:12; Ap. 3:10)[177]. Además, Satanás no puede tocarlo. Evidentemente Juan repite esta verdad fundamental

---

[177] Otra postura es que "aquel que es nacido de Dios" se refiere al creyente que se mantiene lejos del pecado. Ver Marshall, p. 252, n. 37, para una discusión más amplia del problema.

debido a que la gente siempre se comporta en armonía con lo que ellos creen que son. Nuestro comportamiento como cristianos será más santo cuando nos veamos a nosotros mismos como hijos de Dios en vez de como hijos del maligno.

5:19

Además, estamos separados del sistema del mundo que controla Satanás ya que somos hijos de Dios (5:9–13). Necesitamos no aceptar las enseñanzas mundanas de los anticristos (3:7, 8) ni capitular ante la lujuria del mundo (2:15–17).

5:20

Finalmente tenemos entendimiento espiritual a través de nuestra unción del Espíritu Santo (2:20) a quien Jesús envió. Por lo consiguiente, podemos llegar a conocer a Dios y permanecer en Dios y en su Hijo, Jesucristo, quien es el verdadero Dios y la vida eterna (cf. Jn. 14:6)[178].

> Vida eterna, para Juan, es una comunión con el Padre y con el Hijo. Comienza en el presente cuando una persona viene a la fe en Jesucristo, pero continúa ininterrumpidamente en los años por venir[179].

C. Una advertencia final: Idolatría 5:21

Juan cierra con una reprimenda final. Alejarse del verdadero Dios y su enseñanza es idolatría. A causa de que contradecir a Dios es realmente llamarlo mentiroso (1:10), alejarse de Dios es realmente idolatría. Abandonar a Dios incluye dejar la enseñanza

---

[178] Cf. 1:3, El único otro sitio del título completo "su Hijo Jesucristo" en la epístola. Por lo tanto, este título concluye la epístola.

[179] Harris, p. 232.

y la práctica apostólicas, comportándonos como hijos de Satanás en vez de como hijos de Dios.

La falsa enseñanza es finalmente "apostasía de la verdadera fe". Seguir tras ella es volverse nada mejor que un adorador de ídolos, especialmente si es un asunto propio de la verdad de la concepción de Dios. El autor es franco. Los falsos maestros proponen no la adoración del verdadero Dios, dado a conocer en su Hijo Jesús, sino a un dios falso —un ídolo que ellos han inventado—[180].

Este versículo es una repetición en el Nuevo Testamento para los cristianos del primer mandamiento que Dios les dio a los israelitas (Ex. 20:3; Dt. 5:7).

---

[180] Barker, p. 357.

SEGUNDO LIBRO
2 JUAN

Introducción

Trasfondo histórico

El escritor se identificó como "el anciano" (v. 1). Los escritos de los patriarcas de la iglesia atribuyeron la autoría de esta epístola al apóstol Juan. Los primeros cristianos comúnmente lo reconocían como "el anciano" al que se refiere en esta carta. Nosotros podríamos haber esperado que Juan se describiera como "el apóstol", así Pablo por lo general hacía porque esta es una posición de autoridad más elevada que la de anciano. Sin embargo, el apostolado de Juan no fue abierto al desafío como el de Pablo. No hay evidencia de que los primeros cristianos lo dudaran como dudaban el apostolado de Pablo. "El anciano" fue un título más afectuoso y sin duda representó el papel de Juan entre las iglesias al menos extraoficialmente si no oficialmente. También él era probablemente un hombre más viejo en ese tiempo.

Distinto a 1 Juan, 2 y 3 Juan caen en la categoría de cartas personales[181].

Hay duda sobre la identidad de quién o quiénes recibirían esta epístola. Algunos eruditos han concluido que Juan escribió a una mujer específica y a sus hijos (v. 1). De estos intérpretes algunos creen que su nombre fue Eklekta (de la palabra griega *eklekte* que significa "elegida", v. 1). Sin embargo, esto es poco probable porque Juan también llamó a la hermana de esta mujer *eklekte* en el versículo 13. Otros que creen que él escribió a una mujer específica han sugerido que su nombre fue Kyria (la palabra

---

[181] I. Howard Marshall, *The Epistles of John*, p. 9.

griega traducida "señora", v. 1). No obstante esto también es poco probable en vista de que Juan se dirigió a "vosotros" en el versículo 8. Una explicación más probable es que Juan personificó a una iglesia local particular como una mujer y a los cristianos de la iglesia como sus hijos (cf. 1 P. 5:13). Este punto de vista armoniza con la personificación de la iglesia como la novia de Cristo (Ef. 5:22, 23; 2 Co. 11:2; Ap. 19:7). Debido a que el campo de trabajo de Juan fue Asia Menor, hay mucha probabilidad de que esta fuera una iglesia en aquella provincia romana.

Las condiciones que existían en la iglesia a la que Juan se dirigió fueron muy semejantes a las que refirió en su primera epístola. Por lo tanto, la fecha de redacción parece haber estado muy cerca a aquella de 1 Juan: 90-95 d. de J.C. Lo más probable es que Éfeso haya sido el sitio de donde Juan escribió las dos cartas.

Mensaje[182]

Una declaración sumaria del mensaje de esta epístola podría ser la siguiente: El permanecer en la verdad es esencial para mantener el amor fraternal. Permítame intentar clarificar lo que Juan decía en esta epístola:

Primero, escribió que la verdad revelada es fundamental para el cristiano.

Juan enfatizó la importancia de la verdad revelada en cinco maneras.

1. Él basó su propio amor en ella (v. 1).

2. Él basó el amor de todos los cristianos en ella (v. 1).

3. Él basó la escritura de esta epístola en ella (v. 2).

---

[182] Adaptado de G. Campbell Morgan, *Living Messages of the Books of the Bible*, 2:2:176-193.

4. Él basó las tres grandes gracias cristianas en ella (v. 3).

5. Él alabó a sus lectores por basar sus vidas en ella (v. 4).

Para Juan la verdad significó las enseñanzas de Cristo (v. 9). Esto incluye todo lo que Jesús aprobó como la revelación de Dios (el Antiguo Testamento) y todo lo que Él enseñó por medio de sus apóstoles después de su ascensión (el Nuevo Testamento; Hechos 1:1).

Debemos mantener en balance la importancia de la verdad de Dios.

Por un lado, es la única base que puede apoyar adecuadamente una relación aceptable con Dios y otras personas. Es la fuente de nuestro conocimiento de los mandamientos de Dios. Así es la base de nuestra relación con Dios y otras personas (v. 8).

Por otro lado, es la única base para una relación aceptable con Dios y otras personas. Debemos "permanecer" en esa verdad. Esto no es un consentimiento intelectual a la ortodoxia sino una relación esencial en que Dios nos controla. Nuestro andar en la luz de la verdad de Dios (1 Juan 1:7) hace posible esta relación.

Segundo, Juan escribió que el amar a los demás es el fruto de permanecer en la verdad.

Juan juzgaba el amar a las otras personas como algo muy importante para un cristiano. Su perspectiva armoniza con las enseñanzas de la ley de Moisés y de Cristo Jesús (v. 5).

También lo consideraba esencialmente como la obediencia a la voluntad de Dios (v. 6). Cuando obedecemos a Dios, hacemos lo que es mejor para los demás. Esto es lo que significa amar a los demás. Cuando permanecemos en la verdad, amamos.

Tercero, Juan advirtió que no se debe hacer una separación entre el amor y la verdad.

En el tiempo de Juan algunas personas rechazaban la verdad pero trataban de guardar el amor.

Profesaron haber progresado de la verdad básica a la verdad avanzada, pero en realidad habían abandonado la verdad (vv. 7–9). Juan les aconsejó a sus lectores que no animaran en ninguna manera a los falsos maestros (vv. 10, 11). No les aconsejó que dejaran de amarlos.

En nuestros días algunas personas apelan a lo mismo.

Tengan cuidado con aquellos que piden que sigamos enseñanzas desviadas de las Escrituras. Tengan cuidado con enseñanzas que afirman un conocimiento más avanzado de la verdad.

Necesitamos aprender de esta carta cómo relacionarnos con los maestros falsos. No debemos animarlos en cuanto a lo que enseñan, sino que debemos tratar con ellos en amor. Una vez oí a un orador decir en una conferencia: "No importa mucho lo que creamos mientras nos amemos unos a otros".

Juan hubiera dicho: "Importa muchísimo lo que creemos porque eso determina si nos amamos en verdad". Permanecer en la verdad es esencial para mantener el amor fraternal.

Bosquejo

I. Introducción vv. 1–3

II. La importancia de la verdad vv. 4–11

    A.   Practicando la verdad vv. 4–6

    B.   Protegiendo la verdad vv. 7–11

III. Conclusión vv. 12, 13

Lo siguiente es un buen bosquejo expositivo de este libro[183].

I. La verdad genera una comunidad cristiana exclusiva (vv. 1–3).

II. La verdad exige una ética cristiana distintiva (vv. 4–6).

III. La verdad involucra una doctrina cristiana proposicional (v. 7).

IV. La verdad requiere vigilancia cristiana sin cesar (vv. 8–11).

---

[183] Roy Clements, Iglesia Bautista Edén, Cambridge, Inglaterra, 19 de julio, 1992.

EXPOSICIÓN

I. Introducción vv. 1–3

Juan se presentó, identificó a los recipientes de esta carta, los saludó y mencionó los temas de su mayor preocupación para preparar a sus lectores para lo que seguía.

vv. 1, 2

Como expliqué en la introducción de estas notas, el "anciano" fue evidentemente el apóstol Juan, la "señora elegida" una iglesia local y sus "hijos" los creyentes en aquella iglesia. Que la iglesia fue "elegida" quiere decir que estaba compuesta por individuos elegidos o en otras palabras, cristianos.

> No debemos pensar aquí en un anciano en el sentido que tiene normalmente la palabra *presbíteros* en contextos cristianos en el Nuevo Testamento, es decir, alguien que dirige el ministerio de los ancianos en una iglesia local . . . La palabra aparece en otro sentido especializado en la literatura cristiana del segundo siglo, sobre líderes de la iglesia en la generación después de los apóstoles, particularmente aquellos que fueron discípulos de los apóstoles o de "hombres apostólicos", y por lo tanto fueron garantes de la "tradición" que recibieron de los apóstoles y que a su vez entregaron a sus seguidores[184].

---

[184] F. F. Bruce, *The Epistles of John*, p. 135. Ver Ireneo (130–202 d. de J.C.), *Against Heresies*, 5.5.1; 5.36.2; *The Ecclesiastical History of Eusebius Pamphilus*, 3.39.

Juan amó a esta iglesia así como la amaron los cristianos que la conocían. La base de este amor fue la verdad que aquellos cristianos tenían en común unos con otros. Esta "verdad" se refiere a la revelación de Dios en las Escrituras. La importancia de esta verdad es clara debido al hecho que Juan se refirió a ella tres veces en estos dos versículos.

La verdad hace posible el amor verdadero[185].

v. 3

Juan quería que sus lectores apreciaran la importancia de defender la verdad de Dios y de practicar el amor el uno por el otro. Estas dos cosas son la base de la gracia, la misericordia y la paz. La "gracia" es el favor desmerecido de Dios, la "misericordia" es compasión y la "paz" es armonía y tranquilidad interior.

La sucesión "gracia, misericordia, paz" marca el orden desde el primer pensamiento de Dios hacia a los hombres hasta la satisfacción final del hombre[186].

Estas cualidades florecen donde la verdad y el amor prevalecen.

Donde "la verdad y el amor" coexisten armoniosamente, tenemos un carácter cristiano bien balanceado (cf. Ef. 4:15)[187].

La descripción que dio Juan de Cristo Jesús, como el Hijo de Dios el Padre es evocadora de su énfasis en la deidad completa de Jesús tanto en su primera epístola como en su evangelio.

---

[185] B. F. Westcott, *The Epistles of St. John*, p. 225.
[186] Ibid.
[187] Bruce, p. 139.

II. La importancia de la verdad vv. 4–11

En la sección central de 2 Juan [vv. 4–11] . . . tenemos un resumen breve de los grandes contrastes entre la verdad y el error, el amor y el odio, y la iglesia y el mundo, que se tratan más en 1 Juan[188].

A. Practicando la verdad vv. 4–6

Juan escribió esta epístola para rogar a sus lectores que siguieran siendo obedientes a Dios respondiendo a la verdad de su revelación en una manera positiva. También él quería que resistieran la incursión de maestros falsos que intentaban desvirtuar esta verdad. Trató con el primer propósito en los versículos 4–6.

v. 4

Juan empezó alabando a la iglesia. Él había conocido algunos de sus miembros los cuales andaban en obediencia a la verdad de Dios (es decir, andaban en la luz, 1 Juan 1:7).

v. 5

El mensaje de Juan para esta iglesia no fue alguna revelación nueva. Fue un recordatorio para seguir andando en obediencia a la verdad de Dios siguiendo el amor los unos por los otros (cf. 1 Juan 2:3–9; 3:14–18, 23; 4:7, 11, 20, 21). Esto fue importante porque maestros falsos intentaban convencer a los lectores de que se desviaran de la verdad que oían (v. 6).

---

[188] Stephen S. Smalley, *1, 2, 3 John*, p. 322. Cf. John R. W. Stott, *The Epistles of John*, p. 205.

No es que el amor precede a la verdad o a la creencia sino que el amor ofrece la prueba más clara de la veracidad de la confesión y la sinceridad de la obediencia dada a los mandamientos de Dios. El creer puede ser fingido y la confesión puede proceder sólo de los labios, pero es más difícil fingir el amor[189].

v. 6

Si alguien tenía duda sobre el significado de amarse unos a otros, Juan explicó que esencialmente es obedecer a Dios (cf. 1 Jn. 5:2, 3a). Es decir, nos amamos mejor cuando obedecemos la voluntad de Dios que se revela por su Palabra.

El amor se esfuerza para realizar [*sic*] en detalle cada expresión diferente de la voluntad de Dios[190].

El antecedente de la última palabra en este versículo no es claro en el texto en español ni en el texto en griego. (Para que andéis en él, BA) "Él" podría referirse "al amor" o "al mandamiento". La segunda alternativa parece, en alguna manera, más probable a la luz del argumento de Juan. En este caso, el punto de vista de Juan fue que sus lectores debían obedecer los mandamientos de Dios tal como los habían oído desde el principio de la predicación de los apóstoles (cf. 1 Jn. 1:1). Ellos no debían obedecer el evangelio que proclamaban los falsos maestros.

Todos los "mandamientos" específicos de Dios en realidad son un "mandamiento" o una obligación para el cristiano (cf. 1 Jn. 3:22, 23).

---

[189] Glenn W. Barker, "2 John", en *Hebrews-Revelation*, vol. 12 de *The Expositor's Bible Commentary*, p. 363.

[190] Westcott, p. 228.

B. Protegiendo la verdad vv. 7–11

Después Juan siguió con su segundo propósito. Él escribió para animar a sus lectores a que resistieran a los falsos maestros que estaban distorsionando la verdad y engañando a algunos de los creyentes.

La atención del anciano ahora cambia de la existencia de la verdadera creencia entre la comunidad juanina, que le daba gran gozo (v 4), a los peligros que representaba el esparcimiento de las falsas creencias por medio de engañadores que antes estuvieron en la iglesia y ahora han "desertado al mundo". Antes, el escritor habló de la verdad y el amor cristiano, pero en el resto de 2 Juan el énfasis cae inevitablemente sobre la necesidad de la verdad en contraste con el error. Sin embargo, las dos secciones se entrelazan. Dejar de obedecer la verdad resulta en un fracaso del amor. Por eso la maligna descripción de la secesión herética y sus consecuencias (vv 7–11) forma la base del tierno llamado de Juan al amor y a la unidad (vv 4–6)[191].

v. 7

Este versículo da la razón para la exhortación en el versículo 6 y conecta lo que sigue con los versículos 4–6. Las enseñanzas erróneas ya habían empezado a proliferar en la iglesia primitiva (p. ej., el gnosticismo, el docetismo, el cerintianismo, etc.; cf. 1 Jn. 2:18, 22, 23, 27; 4:1–3). El error común fue cristológico. Los falsos maestros se referían a Jesús como alguien que no era el Ungido de Dios que había venido en carne (cf. 1 Jn. 5:1). "Venir"

---

[191] Smalley, p. 327.

en carne quiere decir haber venido y continuar en la carne. Este es el verdadero punto de vista de la encarnación. Jesús fue y continúa siendo completamente Dios y completamente hombre.

La encarnación fue más que solamente un incidente y más que una conexión transitoria y parcial entre el Logos y la naturaleza humana. Fue la garantía permanente de la posibilidad de comunión y el medio principal en que se actuó[192].

Este tipo de falso maestro es un engañador y también está en contra a Cristo. Juan no quiso decir que tal persona era el anticristo del final de los tiempos. El uso del artículo definido en el griego, traducido "el", al lado de un individuo no nombrado aquí, algunas veces se traduce mejor como el articulo indefinido de español "un". Este entendimiento de esta declaración es preferible aquí a la luz de otros pasajes de las Escrituras que indican que el anticristo del final de los tiempos todavía no ha aparecido (p. ej., Dn. 11; 2 Ts. 2).

El anciano dice que alguien que niega la verdad es "el mismo anticristo", al igual que decimos de una persona supremamente mala que es "el mismo diablo"[193].

v. 8

Avenirse (o llegar a un acuerdo) con los falsos maestros podría causar una pérdida del premio (cf. los pasajes de advertencia en Hebreos)[194]. Además una pérdida para los lectores de Juan significaría pérdida para él también porque tenía un interés en

---

[192] A. E. Brooke, *A Critical and Exegetical Commentary on the Johannine Epistles*, p. 175.

[193] Marshall, p. 71.

[194] Barker, pp. 364–65; Marshall, p. 72.

sus vidas. Sin embargo, esta pérdida sólo sería parcial. Ellos aun recibirían algún premio (cf. 1 Co. 3:11–15)[195]. De ningún modo se está hablando de la pérdida de la salvación.

v. 9

La idea en la mente de Juan parece haber sido la de un cristiano de quien los falsos maestros dijeron que no tenía la verdad entera. Es común aun hoy que los falsos maestros afirmen que aquellos que no están de acuerdo con ellos todavía están en una condición intelectual infantil. No obstante, Juan consideraba aquella posición "infantil" como correcta para el cristiano. Si sus lectores iban más allá de aquella posición infantil, en efecto abandonarían la verdad y caerían en el error. Juan advirtió a sus lectores sobre el peligro de la apostasía, a saber, el renunciar a la verdad para aceptar el error (cf. 1 Jn. 2:23, 24).

El uso de Juan de "persevera (RV) o permanece (BA)" indica que él habló de una vital relación personal con Dios que sale de la adherencia a la verdad, no sólo de una ortodoxia doctrinal muerta (cf. Jn. 8:31; 14:21–23; 15:1–7).

vv. 10, 11

En la cultura del tiempo de Juan, los filósofos y los maestros confiaban en la gente con quien hablaban para recibir hospedaje y ayuda financiera (p. ej., Hch. 18:2, 3; 21:7). Juan instruyó a sus lectores para que no ayudaran a los falsos maestros en estas maneras. Además no debían ni siquiera darles palabras de ánimo a estos apóstatas (cf. Hch. 15:23; 23:26; 1 Co. 10:20; 1 Ti. 5:22; Stg 1:1; 1 P. 4:13)[196]. Aquí Juan no está apoyando que se persiga a los heréticos, pero sí aconsejó a sus lectores que no les dieran ninguna

---

[195] Ver Zane C. Hodges, "2 John", en *The Bible Knowledge Commentery: New Testament*, p. 907.

[196] Cf. Brooke, p. 179.

ayuda ni ningún ánimo en su ministerio destructivo. Yo creo que él hubiera aprobado los esfuerzos de sus lectores para corregir a los falsos maestros en privado y para guiarlos hacia una verdadera apreciación de la persona y la obra de cristo. Al tratar nosotros mismos con tales personas, debemos también relacionarnos con su ministerio de una manera y con ellos mismos de otra. No debemos aprobar lo que hacen ni animarlos, pero sí debemos demostrar preocupación por su relación personal con cristo[197].

Es verdad que se debe tener mucho cuidado antes de negarse de una manera tan radical a hospedar a cualquier persona. Para el anciano fue aplicado solamente a los anticristianos que estaban comprometidos para destruir la fe de la comunidad. El asunto involucraba más que discusiones de la interpretación de malentendidos personales entre miembros del cuerpo de Cristo. Era incredulidad radical y claramente definida, y ocasionaba un progreso activo y agresivo de las perversiones de la verdad y de la práctica que lanzaban al corazón del cristianismo.

La responsabilidad de los padres tal vez provee una analogía. Los padres deben ser selectivos en cuanto a quiénes acogen en su casa, aun entre sus parientes. Algunos parientes podrían ser de tal carácter discutible como para amenazar el bienestar moral, espiritual y físico de los niños. Tales parientes deben ser excluidos. Los padres deben mantener un balance entre su preocupación por sus parientes y su responsabilidad para con sus hijos. Note Ud. que Juan no sugirió que la señora elegida y sus hijos tra-

---

[197] Ver Hodges, pp. 908, 909.

taran con los falsos maestros con odio o se vengaran contra ellos. En cambio, él aconsejó que los falsos maestros fueran mantenidos lejos de ellos para que su herejía no destruyera a la joven iglesia[198].

---

[198] Barker, pp. 365, 366. Cf. Marshall, p. 75.

III. Conclusión vv. 12, 13

Juan expresó su deseo de visitar a sus lectores personalmente para explicarles el porqué de una epístola tan corta.

v. 12

Juan tenía más para decir sobre este asunto pero Dios no lo dirigió a hacerlo en esta carta. Juan pudo haber escrito esta epístola en un tamaño estándar de una hoja de papiro[199]. No sabemos si Juan pudo cumplir su deseo de visitar a sus lectores pronto.

El gozo de sus lectores hubiera sido cumplido cuando entendieran el asunto presentado aquí más completamente así como cuando Juan los visitara (cf. 1 Jn. 1:4).

v. 13

Juan evidentemente quiso decir que los cristianos en la iglesia hermana de la cual él era miembro enviaron saludos junto con los suyos propios a sus lectores.

---

[199] Smalley, p. 314.

TERCER LIBRO
3 JUAN

Introducción

Trasfondo histórico

Probablemente 3 Juan es la carta más personal en el Nuevo Testamento. Por supuesto la mayoría de las epístolas originalmente se dirigió a las iglesias o a grupos de cristianos. Tanto 1 como 2 Juan son de este tipo. Las epístolas pastorales, bien que enviadas a individuos específicos, a saber, Timoteo y Tito, obviamente fueron escritas con la intención de una circulación amplia también. Filemón, además, provee evidencia que Pablo tenía pensado que su destinatario la compartiera con la iglesia que se reunía en su casa. Esta carta también tiene un valor universal, y los primeros cristianos se dieron cuenta de que aprovecharía la entera iglesia cristiana. No obstante el contenido de esta carta es muy personal.

. . . 3 Juan demuestra independencia de las convenciones epistolares que existen en otras partes del NT (incluyendo 2 Juan), y corresponde más con el modelo secular de escribir cartas en el primer siglo d. de J.C. . . . . En 3 Juan esto incluye un saludo con un deseo de salud; una expresión de gozo sobre las noticias del bienestar del destinatario; el cuerpo de la carta que contiene la promesa de otra epístola; y, finalmente, saludos a amigos mutuos y de amigos mutuos (cf. el papiro)[200].

El autor evidentemente fue el apóstol Juan el que se identificó como "el anciano" aquí (v. 1) como lo hizo en 2 Juan. La

---

[200] Stephen S. Smalley, *1, 2, 3 John*, p. 342.

semejanza impresionante de contenido, estilo y terminología en estas dos epístolas afirma la antigua tradición que Juan escribió las dos.

Porque no hay evidencia interna con respecto a dónde vivió Gayo, la mayoría de los intérpretes lo han puesto en la provincia romana de Asia, el destino más probable de 1 y 2 Juan. Su nombre era común en la cultura griega.

El proceso de establecer una fecha para la escritura de 3 Juan ha sido deductivo también. Probablemente Juan escribió esta epístola más o menos al mismo tiempo que escribió 1 y 2 Juan, 90–95 d. de J.C., y en Éfeso.

Mensaje[201]

Tanto 3 como 2 Juan tratan con dos lados del mismo asunto, a saber, la relación de la verdad y el amor cristiano. En 2 Juan el escritor destacó la importancia de la verdad. En 3 Juan él destacó la importancia del amor. Segunda de Juan es más general ya que trata con ideas. Tercera de Juan es más personal y trata con casos específicos.

Yo resumiría el mensaje de esta epístola así: El amor fraternal es el producto de permanecer en la verdad. Permítame explicar:

Juan dio dos ejemplos concretos para explicar cómo el amor cristiano que es el producto de permanecer en la verdad (andar en la luz) se comporta.

El primer ejemplo es positivo e involucra la conducta recomendable de Gayo. Gayo puso las necesidades de los demás antes que sus propias necesidades y deseos. Así debe comportarse el amor cristiano. Así se comportó Cristo Jesús, y así Él nos instruyó a comportarnos (Fil. 2:7).

---

[201] Adaptado de G. Campbell Morgan, *Living Messages of the Books of the Bible*, 2:2:176–193.

Gayo proveyó hospitalidad y ayuda financiera para los predicadores del evangelio que visitaban a su pueblo (v. 5). Juan aprobó esta costumbre por tres razones. 1. Tal comportamiento es digno de Dios (v. 6). Es decir, está en armonía con el comportamiento de Dios. Dios provee para los que ponen los intereses de Dios antes que sus propios intereses (Mat. 6:33). 2. Tal comportamiento es necesario porque estos hombres no recibirían ayuda de los incrédulos (v. 7). No debemos contar con los no salvos para proveer recursos para la obra de Dios. Si no creen en el evangelio, ¿por qué querrían ayudar a su propagación? 3. Tal comportamiento convierte al ayudante en un compañero del predicador (v. 8). En verdad tenemos un interés en el trabajo que hacen los demás cuando los ayudamos con cosas materiales.

El segundo ejemplo es negativo e involucra el comportamiento despreciable de Diótrefes. Diótrefes valoró más sus deseos y necesidades personales que las necesidades de los demás. Así no debe comportarse al amor cristiano.

La raíz del problema con el comportamiento de Diótrefes fue la soberbia, una actitud egoísta (v. 9). Esto es lo opuesto al comportamiento de Cristo Jesús y a como nos enseñó a comportarnos.

El fruto de esta actitud se manifestó en tres maneras (v. 10).

1. Sus palabras eran mentiras. Él hacía acusaciones falsas contra los demás para promoverse a sí mismo.

2. Sus acciones eran egoístas. Él se rehusaba a dar hospitalidad y ayuda porque estas acciones amenazaban su propia seguridad.

3. Sus acciones hacia los demás eran opresivas. Él usó intimidación para forzar a los demás a que se conformaran a su voluntad antes que someterse a ellos. Llegó al extremo de excluir a los demás de la comunión de las reuniones de la iglesia en vez de fomentar la unidad entre los hermanos.

Juan también exhortó a que se comportaran en armonía con la verdad (v. 11). Él dio dos razones para obedecer esta exhortación.

Primero, es natural que los hijos de Dios hagan buenas obras (cf. 1 Juan 3:9; 5:18).

Segundo, la persona que hace lo malo da evidencia de que no ha visto a Dios. Está en las tinieblas ya sea como incrédulo o aun siendo creyente (cf. 1 Juan 1:6).

Finalmente, Juan dio una oportunidad para comportarse en armonía con la verdad (v. 12). Este versículo subraya la importancia de poner en práctica el amor en situaciones concretas, no solamente hablando teóricamente.

Esta carta breve tiene un mensaje importante para la iglesia hoy.

Primero, en verdad no estamos permaneciendo en la verdad si fallamos en demostrar amor para nuestros hermanos por medios materiales y financieros. Podemos saber la verdad intelectualmente sin saberla por experiencia. No solamente debemos asirnos de ella, sino permitir que ella nos controle.

Segundo, nuestras actividades revelan nuestras actitudes verdaderas. Podemos ver si nuestra actitud es amorosa o egoísta, no al examinar nuestras emociones, sino al examinar nuestras acciones. ¿Demuestran nuestras acciones el amor o el egoísmo? Esto es una prueba práctica y útil que debemos usar regularmente.

Bosquejo

I. Introducción vv. 1–4

II. Importancia del amor vv. 5–12

    A. El amor de Gayo vv. 5–8

    B. Falta de amor de Diótrefes vv. 9–11

    C. Oportunidad de Demetrio para amar v. 12

III. Conclusión vv. 13–15

Exposición

I. Introducción vv. 1–4

Juan se identificó y saludó al destinatario de esta epístola más corta del Nuevo Testamento para preparar el ambiente para lo que venía después.

v. 1

Como en 2 Juan, el apóstol se identificó como "el anciano". No sabemos exactamente quién fue Gayo. La tradición de la iglesia primitiva no lo identificó a él con el compañero macedonio de Pablo (Hch. 19:29), ni con el compañero de Pablo de Derbe (Hch. 20:4) ni con el corintio que Pablo bautizó que era el anfitrión de la iglesia en Corinto (Ro. 16:23; 1 Co. 1:14).

Generalmente se acepta que el Gayo a quien el anciano escribió esta carta no debe ser identificado con ninguno de los hombres con este nombre que fueron asociados con Pablo[202].

La razón es que Gayo era un nombre común en griego y en latín en ese tiempo, como el nombre Juan es en español ahora[203]. Este Gayo probablemente vivió en alguna parte de la provincia de Asia. Obviamente él fue alguien a quien amó Juan como un hermano cristiano.

---

[202] D. Edmond Hiebert, "Studies in 3 John", *Bibliotheca Sacra* 144:573 (enero-marzo 1987):58.

[203] J. H. Moulton y G. Milligan, *The Vocabulary of the Greek Testament Illustrated from the Papyri and Other Non-Literary Sources*, p. 120.

La preocupación de Juan por tanto el amor como la verdad es evidente de nuevo en esta epístola (cf. 2 Jn.). "En la verdad" quiere decir verdaderamente y de acuerdo con la verdad de Dios. Tanto Juan como Gayo comprendieron la verdad como la enseñaron los apóstoles.

v. 2

Gayo estaba en buena condición espiritual; él andaba en la luz. Juan oró para que en todo le fuera bien (NVI) y para que disfrutara no sólo de buena salud física sino de buena salud espiritual.

> Indudablemente había aprendido esto de Jesús cuya preocupación por los problemas físicos de la gente es atestada en los cuatro evangelios[204].

El bienestar físico y general de los demás debe ser nuestra preocupación, así como su vitalidad espiritual. Sin embargo, los cristianos ponen más atención a lo primero que a lo segundo, como en nuestras peticiones a menudo lo revela.

v. 3

Juan había oído de otros que Gayo era un hombre de la verdad. Su estilo de vida tenía concordancia con la verdad.

v. 4

No sabemos si Gayo fue física, espiritual (su converso) o metafóricamente el hijo de Juan. El último uso de esta palabra es el más común en el Nuevo Testamento. En este caso podía haber sido un discípulo de Juan o simplemente un creyente más joven (cf. 2 Jn. 4; 1 Ti. 1:2).

---

[204] Zane C. Hodges, "3 John", en *The Bible Knowledge Commentary: New Testament*, p. 912.

II. Importancia del amor vv. 5–12

A. El amor de Gayo vv. 5–8

Juan elogió a Gayo por su amor para los hermanos para animarlo a que continuara practicando esta virtud.

v. 5

Juan amó a Gayo como Gayo amó a los hermanos a quienes había mostrado hospitalidad.

El interés profundo de la comunidad primitiva cristiana en la hospitalidad es heredado de tanto de sus raíces judías como de la cultura grecorromana de ese tiempo[205].

El afecto de Juan para con Gayo es obvio en su uso repetido de la palabra "amado" (cf. v. 2). Gayo se comportó fielmente en el sentido que su conducta era consistente con la verdad de Dios (cf. 2 Jn. 1, 2).

Es posible que Gayo haya mostrado amor "a los hermanos y a los desconocidos" como algunos textos griegos dicen. Por otro lado, tal vez la traducción de BA es correcta: él mostró amor a los hermanos y aun a los hermanos que le fueron desconocidos. Probablemente Gayo había demostrado amor a todas esas variedades de gente (cf. He. 13:2).

v. 6

La iglesia se trataba de la iglesia de Juan, probablemente en Éfeso. "Harás bien" es un idioma que podríamos traducir como "por

---

[205] Barbara Leonhard, "Hospitality in Third John", *The Bible Today* 25:1 (enero 1987):11.

favor". Juan rogó a Gayo que continuara su tratamiento meritorio de los visitantes. Él podía hacer así mientras ellos se quedaban con él y cuando salieron al despedirlos con suministros adecuados (cf. Hch. 15:3; 20:38; 21:15; Ro. 15:24; 1 Co. 16:6; Tit. 3:13).

> El punto todavía es relevante. Ministros cristianos y misioneros viven en la fe de que Dios animará a su pueblo para que provea para sus necesidades; es mejor que la gente se equivoque al ser muy generosa y no a ser muy tacaña[206].

> Siempre y en toda iglesia debe ser estimado el hombre que combina convicciones firmes con un corazón generoso[207].

v. 7

Los hermanos en este contexto fueron predicadores ambulantes. El ir fuera en el nombre de Cristo fue un gran honor debido a ese nombre[208].

> Este "nombre" es en esencia la suma del credo cristiano (cf. 1 Co. 12:3; Ro. 10:9)[209].

Los predicadores primitivos cristianos normalmente recibían recursos materiales de los otros creyentes (cf. Hch. 20:35; 1 Co. 9:14; 2 Ts. 3:7–9) o se proveían a sí mismos. Ellos no solicitaban fondos de los incrédulos (cf. Mt. 10:8; 2 Co. 12:14; 1 Ts. 2:9).

---

[206] I. Howard Marshall, *The Epistles of John*, p. 86.

[207] Donald Fraser, *Synoptical Lectures on the Books of Holy Scripture, Romans-Revelation*, p. 243.

[208] Este es el único libro del Nuevo Testamento que no menciona a Cristo Jesús por nombre.

[209] B. F. Westcott, *The Epistles of St. John*, pp. 238, 239.

"Gentiles" fue un término general para incrédulos. La mayoría de los gentiles eran paganos.

Había muchos predicadores peripatéticos de cultos religiosos y filosóficos, los cuales solicitaban avariciosamente fondos de su audiencia[210].

Aún hoy en día, hay algo indecoroso en un predicador del evangelio que solicita fondos de la gente a quien ofrece la salvación gratuita de Dios[211].

v. 8

El dar ayuda financiera y hospitalaria hace que el dador sea un asociado con el beneficiario en su trabajo (cf. 2 Jn. 10, 11). Puesto que los paganos no proveyeron recursos a los predicadores y maestros cristianos, la responsabilidad de los cristianos para ayudarles fue aún mayor. De nuevo notemos el énfasis de Juan en la verdad. El predicar el evangelio es proclamar la verdad.

B. Falta de amor de Diótrefes vv. 9–11

El buen ejemplo de Gayo es más destacado junto al ejemplo malo de Diótrefes. Diótrefes es un nombre raro y significa "nutrido por Zeus"[212]. Juan mencionó a Diótrefes para clarificar la responsabilidad de Gayo y de todos los otros lectores de esta epístola y para dar instrucciones acerca de este hermano errante.

v. 9

La carta a la iglesia de la cual tanto Gayo como Diótrefes eran miembros no existe. "Ellos" se refiere a los creyentes en aquella iglesia. Juan reveló que la motivación de Diótrefes fue el orgullo.

---

[210] Hiebert, 144:574:200.
[211] Hodges, p. 913.
[212] Hiebert, 144:574:203.

Diótrefes continuamente difamaba (tiempo presente en el griego) a Juan para exaltarse a sí mismo. Juan no dijo ni implicó que Diótrefes creía y guardaba una doctrina falsa. Sólo puso la culpa sobre su ambición[213].

"La tentación de usar una posición en la asamblea cristiana como un medio para satisfacer los deseos propios sigue siendo real, tentación que todos los siervos de Dios deben resistir"[214].

v. 10

Juan prometió y advirtió que en cualquier momento que visitara a aquella congregación destacaría el comportamiento pecaminoso de Diótrefes, asumiendo que tal comportamiento continuaría. Específicamente Diótrefes acusaba a Juan falsamente para exaltarse a sí mismo. Peor que eso, él no daba hospitalidad a los hermanos visitantes, como hacía Gayo, tal vez porque los percibía a ellos como una amenaza para sí mismo. Tercero, intimidaba a otros en la iglesia y los forzaba a dejar de darles la bienvenida a estos hombres.

> Diótrefes fue condenado no porque violó enseñanza sana tocante a la persona y la naturaleza de Cristo Jesús, sino porque su "vida" era contraria a la verdad del evangelio[215].

> El verbo *ekbalei*, de nuevo en presente (literalmente, 'él echa fuera'), no necesita implicar excomunión formal de la iglesia, como llegó a ser conocido después. Cf. Mt. 18:17; Lc. 6:22; Jn. 9:34, 35; 1 Co. 5:2. Por

---

[213] Westcott, p. 240.
[214] Hodges, p. 913.
[215] Glenn W. Barker, "3 John", en *Hebrews-Revelation*, vol. 12 de *The Expositor's Bible Commentary*, p. 375. Juan no presentó directamente el tema de la herejía en 3 Juan.

otra parte, parece como si Diótrefes se hubiera ad-
judicado la tarea de "expulsar", echando a la gente
fuera de la congregación (como había rehusado a
darles la bienvenida a los hermanos) en vez de sólo
desearlo..."[216].

Obviamente Gayo no accedió a sus deseos mostrando que
tenía fuerza de carácter y probablemente influencia en la iglesia.
Con esta epístola Juan apoyó a Gayo y rechazó a Diótrefes.

v. 11

El ánimo que Juan dio a Gayo sin duda fortaleció la resolución
de Gayo para resistir a Diótrefes. "De Dios" y "visto a Dios" son
términos que Juan usó en su primera epístola (cf. 1 Jn. 3:6, 10; 4:1–4,
6, 7). Los hijos de Dios hacen buenas obras porque Dios es su Padre
y ellos comparten su naturaleza (1 Jn. 3:9). La persona que hace lo
malo tal vez es cristiana, pero se está comportando como Satanás
cuando hace lo malo. Juan no acusaba a Diótrefes de no ser salvo
sino de comportarse como si no fuera salvo. El que conoce a Dios
de cerca (permanece en Él) no hace lo malo (1 Jn. 3:6).

La expresión "es de Dios" en este contexto no quiere decir "es cristiano". En cambio, significa que "es
una persona piadosa" o "es un hombre de Dios". En
este contexto es una expresión de comunión[217].

C. Oportunidad de Demetrio para amar v. 12

Juan le rogó a Gayo que mostrara amor hospitalario a Demetrio
y así le dio la oportunidad de que practicara el amor, con lo que a

---

[216] Smalley, p. 358.
[217] Robert N. Wilkin, "He Who Does Good Is of God (3 Jn. 11)", *Grace
Evangelical Society News* 5:9 (September 1990):2.

su vez reprendió la falta de amor de Diótrefes. Tal vez Demetrio le llevó esta carta de Juan a Gayo[218], o a lo mejor visitó a Gayo más tarde.

Juan dio tres recomendaciones (testimonios) del valor de este hermano. Él tenía una buena reputación entre todos los que lo conocían, su carácter y conducta estaban de acuerdo con la verdad y Juan lo conocía personalmente y dio testimonio de él.

> Como Gayo, Demetrio estaba "andando en la ver-
> dad". Su vida correspondía a su confesión. En
> términos Paulinos, él manifestaba el fruto del Espíritu.
> En términos Juaninos, él vivía la vida de amor[219].

Será interesante llegar al cielo para ver si este Demetrio es el mismo hombre que molestó tanto a Pablo en Éfeso (Hch. 19:24). Algunos comentaristas han concluido que en efecto fue él[220]. La probabilidad de que haya sido él es mínima porque había, indudablemente, muchos hombres que se llamaban Demetrio (literalmente: perteneciente a Demeter [la diosa de la agricultura]) que vivían en aquella región en ese tiempo. Además Pablo ministró en Éfeso a principios de los cincuentas mientras que Juan probablemente escribió esta epístola a principios de los noventas.

---

[218] Westcott, p. 241; Hodges, p. 911.

[219] Barker, p. 376.

[220] E.g., W. Alexander, "The Third Epistle of John", en *The Speaker's Commentary: New Testament*, 4:381; y Lloyd John Ogilvie, *When God First Thought of You*, pp. 201–6.

III. Conclusión vv. 13–15

Juan concluyó así para explicar la brevedad de esta epístola y su esperanza de visitar a Gayo pronto. Esta conclusión es muy parecida a aquella en 2 Juan (vv. 12, 13; cf. Jn. 20:30).

El uso de "amigos" para describir a creyentes es raro. Juan evidentemente deseaba hacer notar la calidad básica de amistad que existe entre creyentes. Como amigos los cristianos deben mostrar hospitalidad y ayudarse unos a otros: la expresión específica de amor por la que Juan rogó en esta carta.

Apéndice

Intimidad verdadera

Por Jon Minnema

Como deseamos intimidad en nuestro mundo caótico. Desde la niñez a veces sonábamos de un vida hermosa llena de amor. La vida ocurre, sin embargo, y crecemos preguntándonos si el amor puede satisfacer. ¿Podremos lograr intimidad verdadera sin —o a pesar de—matrimonio?

Imagínate un padre que nos ama tan intensamente que nos envía su propio hijo para proveer el amor que toda la humanidad desea. Él sacrifica a su propio hijo para pagar el precio de todo el lío de este mundo y provee intimidad verdadera más allá de la imaginación. ¿Respondería la humanidad y recibiría el regalo o dará la vuelta y se ira caminando?

Créelo o no, Dios hizo eso mismo. Él creó la más grande historia de amor para nosotros al enviarnos su hijo a morir en la cruz en nuestro lugar. Él ofrece el regalo gratis de intimidad verdadera a cualquier quien recibe este regalo.

Cuando Dios nos creó, nos creó perfectamente. Él nos dio todas las cosas para gozar en ellos, incluido él mismo. Pero la humanidad peco y corto esa relación. Hace dos mil años, por el amor que Dios tiene por nosotros, Él envió a su único hijo al mundo para morir en la cruz en lugar de nuestros pecados. Este es el más grande acto de amor que alguien haya logrado.

¿Cómo conocemos esto? Jesucristo (hijo de Dios) vivió en el cielo con su Padre en harmonía perfecta. Él vivió como rey impregnado en gloria. Cuando él vino a la tierra él sacrificó su reinado para que nosotros también pudiéramos tener la experiencia de harmonía perfecta. Él nos enseñó como amar a alguien más que a nosotros mismos.

Las cartas de Juan explican este tipo de amor. El Padre nos ama tanto que dio a su único hijo. El hijo nos ama tanto que dio su vida. Y el Espíritu Santo nos ama tanto que él ahora vive en aquellos que eligen creer en él. En respecto a todas las historias de amor, esta excede a todas.

Cristo nos mostró el verdadero amor en su sacrificio para que pudiéramos disfrutar de lo que él disfruta—gloria, vida eterna, y una relación perfecta con Dios el Padre. Él murió en la cruz y resucitó de los muertos tres días después, venciendo el pecado y la muerte. ¿Y lo mejor de todo? Él ofreció—como un regalo gratis—el derecho de convertirnos en hijos de Dios a todos que creen en él.

Dios se convierte en nuestro Padre—y a eso un Padre perfecto. El mensaje de las cartas de Juan y el mensaje de la Biblia entera resuena en esta verdad—Dios es amor. "Esta es la manera en que Dios mostró su amor entre nosotros: Él envió su único hijo al mundo para que pudiéramos vivir a través de él" (1 John 4:9, NIV).

Dios desea a adoptarnos en su familia. Pero primero debemos confiar en la muerte de Jesús en la cruz como pago por nuestros pecados. Cuando creemos en esto y le pedimos perdón a Dios por nuestros pecados, él nos trae el reino de Dios, cual incluye todos los beneficios. Podremos experimentar la intimidad verdadera con Dios, quien nos ama perfectamente.

¿Qué sigue?

➤ Conocer que Cristo nos hace una nueva creación. "De modo que si alguno está en Cristo, nueva criatura es; las cosas viejas pasaron; he aquí, son hechas nuevas" (2 Cor. 5:17, LBLA).

➤ Dios perdona nuestros pecados y nos permite un nuevo comienzo. "Bienaventurados aquellos cuyas iniquidades han sido perdonadas, y cuyos pecados han sido cubiertos" (Rom. 4:7, LBLA).

➤ Él nos da vida eterna. "Porque de tal manera amó Dios al mundo, que dio a su Hijo unigénito, para que todo aquel que cree en El, no se pierda, mas tenga vida eterna" (John 3:16, LBLA).

➤ Dios nos da gozo indescriptible. "A quien sin haberle visto, le amáis, y a quien ahora no veis, pero creéis en El, y os regocijáis grandemente con gozo inefable y lleno de gloria, obteniendo, como resultado de vuestra fe, la salvación de vuestras almas." (1 Pet. 1:8–9, LBLA).

➤ Empezamos a hablar con Dios de todos los aspectos de nuestras vidas. Le preguntamos cuales caminos o cuales decisiones debemos de tomar y empezamos a comunicarnos con él hasta los más mínimos detalles de nuestras vidas. Pero no podemos olvidarnos que debemos de escuchar. Dios quiere hablar con nosotros también.

➤ Dios habla con nosotros a través de la Biblia, así que empieza a leer su mensaje para ti. Sitios de web como BibleGateway.com o YouVersion.com ofrecen una variedad de traducciones sin costo alguno. Te recomendamos que comiences con el evangelio de Juan o cualquiera de los otros evangelios para conocer lo que Jesús enseñó durante Su tiempo en la tierra.

➤ Por último, a Authenticity Book House le encantaría oír de tu decisión de seguir a Cristo. Envíanos un correo electrónico a info@abhbooks.com. Nos encantaría orar por ti y celebrar contigo la nueva vida que tienes en Cristo.

BIBLIOGRAFÍA DE 1 JUAN

Bailey, Mark L., and Thomas L. Constable. *The New Testament Explorer*. Nashville: Word Publishing Co., 1999.

Baker's Dictionary of Theology, 1960. S.v. "Theophany", by Wick Broomall.

Barclay, William. *The Letters of Juan and Jude*. Daily Study Bible series. 2nd ed. Edinburgh: Saint Andrew Press, 1960.

Barker, Glenn W. "1 Juan". In *Hebrews-Revelation*. Vol. 12 of *The Expositor's Bible Commentary*. 12 vols. Edited by Frank E. Gaebelein and J. D. Douglas. Grand Rapids: Zondervan Publishing House, 1981.

Baxter, J. Sidlow. *Explore the Book*. 6 vols. London: Marshall, Morgan & Scott, 1965.

Baylis, Charles P. "The Meaning of Walking 'in the Darkness' (1 Juan 1:6) ". *Bibliotheca Sacra* 149:594 (April–June 1992):214–22.

Blair, J. Allen. *The Epistles of Juan*. Neptune, N.J.: Loizeaux Brothers, 1982.

Boice, James Montgomery. *The Epistles of Juan*. Grand Rapids: Zondervan Publishing House, 1979.

Brindle, Wayne A. "Biblical Evidence for the Imminence of the Rapture". *Bibliotheca Sacra* 158:630 (April-June 2001):138–51.

Brooke, A. E. *A Critical and Exegetical Commentary on the Johannine Epistles*. International Critical Commentary series. Edinburgh: T. & T. Clark, 1912.

Brown, Raymond. *The Epistles of Juan.* Anchor Bible series. Garden City, N.Y.: Doubleday, 1982.

Bruce, F. F. *The Epistles of Juan.* London: Pickering & Inglis Ltd., 1970; reprint ed., Grand Rapids: Wm. B. Eerdmans Publishing Co., 1986.

Calvin, Juan. *The First Epistle of Juan.* Calvin's New Testament Commentaries series. Translated by T. H. L. Parker. Reprint ed. Grand Rapids: Wm. B. Eerdmans Publishing Co., 1959-61.

Candlish, Robert S. *The First Epistle of Juan.* Grand Rapids: Zondervan Publishing House, n.d.

Constable, Thomas L. "Analysis of Bible Books—New Testament". Paper submitted for course 686 Analysis of Bible Books—New Testament. Dallas Theological Seminary, January 1968.

_____. *Talking to God: What the Bible Teaches about Prayer.* Grand Rapids: Baker Book House, 1995.

_____. "What Prayer Will and Will Not Change". In *Essays in Honor of J. Dwight Pentecost*, pp. 99–113. Edited by Stanley D. Toussaint and Charles H. Dyer. Chicago: Moody Press, 1986.

Cook, W. Robert. "Harmartiological Problems in First Juan". *Bibliotheca Sacra* 123:491 (July-September 1966):249–60.

Crain, C. *Readings on the First Epistle of Juan.* New York: Loizeaux Brothers, n. d.

Darby, Juan Nelson. *Synopsis of the Books of the Bible.* 5 vols. Revised ed. New York: Loizeaux Brothers Publishers, 1942.

Derickson, Gary W. "What Is the Message of 1 Juan?". *Bibliotheca Sacra* 150:597 (January-March 1993):89–105.

Dictionary of the Apostolic Church. Edited by James Hastings. 1915 ed. S.v. "Juan, Epistles of", by A. E. Brooke.

Dictionary of the Bible. Edited by James Hastings. 1910 ed. S.v. "Juan, Epistles of", by S. D. F. Salmond.

Dillow, Joseph C. *The Reign of the Servant Kings.* Miami Springs, Fla.: Schoettle Publishing Co., 1992.

Dodd, C. H. *The Johanine Epistles.* The Moffatt New Testament Commentary series. New York: Harper and Row, 1946.

Findlay, George G. *Fellowship in the Life Eternal.* London: Hodder and Stoughton, 1909.

Gaebelein, Arno C. *The Annotated Bible.* 4 vols. Reprint ed. Chicago: Moody Press, and New York: Loizeaux Brothers, 1970.

Gaster, Theodor H. *The Dead Sea Scriptures.* Revised and enlarged edition; Garden City, N.Y.: Doubleday & Co., Anchor Books, 1964.

Gillquist, Peter E. *Love Is Now.* Grand Rapids: Zondervan Publishing House, 1970.

Goodman, G. *The Epistle of Eternal Life.* London: Pickering & Inglis, 1936.

Graystone, Kenneth. *The Johanine Epistles.* New Century Bible Commentary series. Grand Rapids: Wm. B. Eerdmans Publishing Co., and London: Marshall, Morgan & Scott, 1984.

A Greek-English Lexicon of the New Testament. By C. G. Wilke. Revised by C. L. Wilibald Grimm. Translated, revised and enlarged by Joseph Henry Thayer, 1889.

Guthrie, Donald. *New Testament Introduction.* 3 vols. 2nd ed. London: Tyndale Press, 1966.

Harris, W. Hall. "A Theology of Juan's Writings". In *A Biblical Theology of the New Testament*, pp. 167–242. Edited by Roy B. Zuck. Chicago: Moody Press, 1994.

Hiebert, D. Edmond. "An Expositional Study of 1 Juan". *Bibliotheca Sacra* 145:578 (April-June 1988):197–210; 579 (July-September 1988):329–42; 580 (October-December 1988):420-35; 146:581 (January-March 1989):76–93; 582 (April-June 1989):198–216; 583 (July-September 1989):310–19; 584 (October-December 1989):420–36; 147:585 (January-March 1990):69–88; 586 (April-June 1990):216–30; 587 (July-September 1990):309–28.

_____. *An Introduction to the New Testament, Vol. 3: The Non-Pauline Epistles and Revelation*. Chicago: Moody Press, 1977.

Hodges, Zane C. "1 Juan". In *The Bible Knowledge Commentary: New Testament*, pp. 881-904. Edited by Juan F. Walvoord and Roy B. Zuck. Wheaton: Scripture Press Publications, Victor Books, 1983.

_____. *The Epistles of Juan: Walking in the Light of God's Love*. Irving, Tex.: Grace Evangelical Society, 1999.

_____. "Fellowship and Confession in 1 Juan 1:5–10". *Bibliotheca Sacra* 129:513 (January-March 1972):48–60.

_____. *The Gospel Under Siege*. Dallas: Redencion Viva, 1981.

_____. "Is God's Truth in You? 1 Juan 2:4b". *Grace Evangelical Society News* 5:7 (July 1990):2-3.

Houlden, J. L. *A Commentary on the Johanine Epistles*. Harper's New Testament Commentaries series. New York: Harper and Row, 1973.

International Standard Bible Encyclopedia. Edited by James Orr. 1957 ed. S.v. "Gnosticism," by Juan Rutherford.

_____. S.v. "Juan, The Epistles of", by R. Law.

King, Guy H. *The Fellowship*. London: Marshall, Morgan & Scott, 1954.

Kistemaker, Simon J. *Exposition of the Epistle of James and the Epistles of Juan*. New Testament Commentary Series. Grand Rapids: Baker Book House, 1986.

Lange, Juan Peter, ed. *Commentary on the Holy Scripture*. 12 vols. Reprint ed. Grand Rapids: Zondervan Publishing House, 1960. Vol 12: *James-Revelation*, by J. P. Lange, J. J. Van Osterzee, G. T. C. Fronmuller, and Karl Braune. Enlarged and edited by E. R. Craven. Translated by J. Isidor Mombert and Evelina Moore.

Law, Robert. *The Tests of Life: A Study of the First Epistle of St. Juan*. Edinburgh: T. and T. Clark, 1909.

Lenski, Richard C. H. *The Interpretation of the Epistles of St. Peter, St. Juan and St. Jude*. Reprint ed. Minneapolis: Augsburg Publishing House, 1961.

Lloyd-Jones, Martyn. *Fellowship With God: Studies in 1 Juan*. Vol. 1 of Life in Christ series. Wheaton: Crossway Books, 1993.

MacArthur, Juan F., Jr. *Faith Works: The Gospel According to the Apostles*. Dallas: Word Publishing, 1993.

_____. *The Gospel according to Jesus*. Grand Rapids: Zondervan Publishing House, 1988.

Malatesta, E. *Interiority and Covenant. A Study of einai en and menein en in the First Letter of Saint Juan*. Anchor Bible 69. Rome: Biblical Institute Press, 1978.

Marshall, I. Howard. *The Epistles of Juan*. New International Commentary on the New Testament series. Reprint ed. Grand Rapids: Wm. B. Eerdmans Publishing Co., 1984.

McNeile, A. H. *An Introduction to the Study of the New Testament*. 2nd ed. Revised by C. S. C. Williams. Oxford: Clarendon Press, 1965.

Mitchell, Juan G. *An Everlasting Love*. Portland: Multnomah Press, 1982.

_____. *Fellowship*. Portland: Multnomah Press, 1974.

Morgan, G. Campbell. *Living Messages of the Books of the Bible*. 2 vols. New York: Fleming H. Revell Co., 1912.

Morris, Leon. *The Apostolic Preaching of the Cross*. Grand Rapids: Wm. B. Eerdmans Publishing Co., 1965.

Pentecost, J. Dwight. *The Joy of Fellowship*. Grand Rapids: Zondervan Publishing House, 1977.

Plummer, Alfred. *The Epistles of S. Juan*. Cambridge Bible for Schools and Colleges series. 1883. Reprint ed. Cambridge: Cambridge University Press, 1938.

Roberts, J. W. *The Letters of Juan*. Living Word Commentary series. Austin, Tex.: R. B. Sweet, 1968.

Robertson, Archibald Thomas. *Word Pictures in the New Testatment*. 6 vols. Nashville: Broadman Press, 1931.

Ross, A. *The Epistles of James and Juan*. New International Commentary series. Grand Rapids: Wm. B. Eerdmans Publishing Co., 1954.

Ryrie, Charles C. *Biblical Theology of the New Testament*. Chicago: Moody Press, 1959.

_____. "The First Epistle of Juan". In *The Wycliffe Bible Commentary*, pp. 1463–78. Edited by Charles F. Pfeiffer and Everett F. Harrison. Chicago: Moody Press, 1962.

Smalley, Stephen S. *1, 2, 3 Juan*. Word Biblical Commentary series. Waco: Word Books, 1984.

Spurgeon, Charles H. *12 Sermons on the Second Coming of Christ*. Grand Rapids: Baker Book House, 1976.

Stanton, Gerald B. *Kept from the Hour*. Fourth ed. Miami Springs, Fla.: Schoettle Publishing Co., 1991.

Storms, C. Samuel. *Reaching God's Ear*. Wheaton: Tyndale House Publishers, 1988.

Stott, Juan R. W. *The Epistles of Juan*. Tyndale New Testament Commentaries series. Grand Rapids: Wm. B. Eerdmans Publishing Co., 1964.

Thiessen, Henry Clarence. *Introduction to the New Testament*. Grand Rapids: Wm. B. Eerdmans Publishing Co., 1962.

Westcott, Brooke Foss. *The Epistles of St. Juan*. 1883. Reprint ed. England: Marcham Manor Press, 1966.

Wiersbe, Warren W. *Be Real*. BE Books series. Wheaton: Scripture Press Publications, Victor Books, 1978.

Wilkin, Robert N. "'Assurance: That You May Know' (1 Juan 5:11–13a)." *Grace Evangelical Society News* 5:12 (December 1990):2, 4.

_____. "Do Born Again People Sin? 1 Juan 3:9." *Grace Evangelical Society News* 5:3 (March 1990):2-3.

_____. "Knowing God By Our Works?". *Grace Evangelical Society News* 3:10 (October-November 1988):3–4.

BIBLIOGRAFÍA DE 2 JUAN

Bailey, Mark L., and Thomas L. Constable. *The New Testament Explorer.* Nashville: Word Publishing Co., 1999.

Barclay, William. *The Letters of John and Jude.* Daily Study Bible series. 2nd ed. Edinburgh: Saint Andrew Press, 1960.

Barker, Glenn W. "2 John." In *Hebrews-Revelation.* Vol. 12 of *The Expositor's Bible Commentary.* 12 vols. Edited by Frank E. Gaebelein and J. D. Douglas. Grand Rapids: Zondervan Publishing House, 1981.

Baxter, J. Sidlow. *Explore the Book.* 6 vols. London: Marshall, Morgan & Scott, 1965.

Blair, J. Allen. *The Epistles of John.* Neptune, N.J.: Loizeaux Brothers, 1982.

Brooke, A. E. *A Critical and Exegetical Commentary on the Johannine Epistles.* International Critical Commentary series. Edinburgh: T. & T. Clark, 1912.

Bruce, F. F. *The Epistles of John.* London: Pickering & Inglis Ltd., 1970; reprint ed., Grand Rapids: Wm. B. Eerdmans Publishing Co., 1986.

Constable, Thomas L. "Analysis of Bible Books–New Testament." Paper submitted for course 686 Analysis of Bible Books–New Testament. Dallas Theological Seminary, January 1968.

Darby, John Nelson. *Synopsis of the Books of the Bible.* 5 vols. Revised ed. New York: Loizeaux Brothers Publishers, 1942.

Dictionary of the Apostolic Church. Edited by James Hastings. 1915 ed. S.v. "John, Epistles of," by A. E. Brooke.

Dictionary of the Bible. Edited by James Hastings. 1910 ed. S.v. "John, Epistles of," by S. D. F. Salmond.

Dodd, C. H. *The Johanine Epistles.* The Moffatt New Testament Commentary series. New York: Harper and Row, 1946.

The Ecclesiastical History of Eusebius Pamphilus. Twin Brooks series. Popular ed. Grand Rapids: Baker Book House, 1974.

Findlay, George G. *Fellowship in the Life Eternal.* London: Hodder and Stoughton, 1909.

Funk, Robert W. "The Form and Structure of II and III John." *Journal of Biblical Literature* 86 (1967):424–30.

Gabelein, Arno C. *The Annotated Bible.* 4 vols. Reprint ed. Chicago: Moody Press, and New York: Loizeaux Brothers, Inc., 1970.

Graystone, Kenneth. *The Johanine Epistles.* New Century Bible Commentary series. Grand Rapids: Wm. B. Eerdmans Publishing Co., and London: Marshall, Morgan & Scott, 1984.

A Greek-English Lexicon of the New Testament. By C. G. Wilke. Revised by C. L. Wilibald Grimm. Translated, revised and enlarged by Joseph Henry Thayer, 1889.

Guthrie, Donald. *New Testament Introduction.* 3 vols. 2nd ed. London: Tyndale Press, 1966.

Harris, W. Hall. "A Theology of John's Writings." In *A Biblical Theology of the New Testament,* pp. 167–242. Edited by Roy B. Zuck. Chicago: Moody Press, 1994.

Hodges, Zane C. "2 John." In *The Bible Knowledge Commentary: New Testament*, pp. 905–9. Edited by John F. Walvoord and Roy B. Zuck. Wheaton: Scripture Press Publications, Victor Books, 1983.

International Standard Bible Encyclopaedia. Edited by James Orr. 1957 ed. S.v. "John, The Epistles of," by R. Law.

Irenaeus. *Against Heresies*. In *The Ante-Nicene Fathers*. Vol. 1: *The Apostolic Fathers with Justin Martyr and Irenaeus*. Edited by Alexander Roberts and James Donaldson. American reprint of the Edinburgh edition. New York: Charles Scribner's Sons, 1899.

Lange, John Peter, ed. *Commentary on the Holy Scripture*. 12 vols. Reprint ed. Grand Rapids: Zondervan Publishing House, 1960. Vol 12: *James-Revelation*, by J. P. Lange, J. J. Van Osterzee, G. T. C. Fronmuller, and Karl Braune. Enlarged and edited by E. R. Craven. Translated by J. Isidor Mombert and Evelina Moore.

Lenski, Richard C. H. *The Interpretation of the Epistles of St. Peter, St. John and St. Jude*. Reprint ed. Minneapolis: Augsburg Publishing House, 1961.

Marshall, I. Howard. *The Epistles of John*. New International Commentary on the New Testament series. Reprint ed. Grand Rapids: Wm. B. Eerdmans Publishing Co., 1984.

McNeile, A. H. *An Introduction to the Study of the New Testament*. 2nd ed. Revised by C. S. C. Williams. Oxford: Clarendon Press, 1965.

Mitchell, John G. *Fellowship*. Portland: Multnomah Press, 1974.

Morgan, G. Campbell. *Living Messages of the Books of the Bible*. 2 vols. New York: Fleming H. Revell Co., 1912.

Robertson, Archibald Thomas. *Word Pictures in the New Testatment*. 6 vols. Nashville: Broadman Press, 1931.

Ryrie, Charles C. "The Second Epistle of John." In *The Wycliffe Bible Commentary*, pp. 1479–81. Edited by Charles F. Pfeiffer and Everett F. Harrison. Chicago: Moody Press, 1962.

Smalley, Stephen S. *1, 2, 3 John*. Word Biblical Commentary series. Waco: Word Books, 1984.

Stott, John R. W. *The Epistle of John*. Tyndale New Testament Commentaries series. Grand Rapids: Wm. B. Eerdmans Publishing Co., 1964.

Thiessen, Henry Clarence. *Introduction to the New Testament*. Grand Rapids: Wm. B. Eerdmans Publishing Co., 1962.

Westcott, Brooke Foss. *The Epistles of St. John*. 1883. Reprint ed. England: Marcham Manor Press, 1966.

BIBLIOGRAFÍA DE 3 JUAN

Alexander, W. "The Third Epistle of John." In *The Speaker's Commentary: New Testament*. Edited by F. C. Cook. London: John Murray, 1881.

Bailey, Mark L., and Thomas L. Constable. *The New Testament Explorer*. Nashville: Word Publishing Co., 1999.

Barclay, William. *The Letters of John and Jude*. Daily Study Bible series. 2nd ed. Edinburgh: Saint Andrew Press, 1960.

Barker, Glenn W. "3 John." In *Hebrews-Revelation*. Vol. 12 of *The Expositor's Bible Commentary*. 12 vols. Edited by Frank E. Gaebelein and J. D. Douglas. Grand Rapids: Zondervan Publishing House, 1981.

Baxter, J. Sidlow. *Explore the Book*. 6 vols. London: Marshall, Morgan & Scott, 1965.

Blair, J. Allen. *The Epistles of John*. Neptune, N.J.: Loizeaux Brothers, 1982.

Bruce, F. F. *The Epistles of John*. London: Pickering & Inglis Ltd., 1970; reprint ed., Grand Rapids: Wm. B. Eerdmans Publishing Co., 1986.

Constable, Thomas L. "Analysis of Bible Books–New Testament." Paper submitted for course 686 Analysis of Bible Books–New Testament. Dallas Theological Seminary, January 1968.

Darby, Juan Nelson. *Synopsis of the Books of the Bible*. 5 vols. Revised ed. New York: Loizeaux Brothers Publishers, 1942.

Dictionary of the Apostolic Church. Edited by James Hastings. 1915 ed. S.v. "John, Epistles of," by A. E. Brooke.

Dictionary of the Bible. Edited by James Hastings. 1910 ed. S.v. "John, Epistles of," by S. D. F. Salmond.

Dodd, C. H. *The Johanine Epistles.* New York: Harper and Row, 1946.

Findlay, George G. *Fellowship in the Life Eternal.* London: Hodder and Stoughton, 1909.

Fraser, Donald. *Synoptical Lectures on the Books of Holy Scripture, Romans-Revelation.* New York: Robert Carter & Brothers, 1876.

Funk, Robert W. "The Form and Structure of II and III John." *Journal of Biblical Literature* 86 (1967):424–30.

Gaebelein, Arno C. *The Annotated Bible.* 4 vols. Reprint ed. Chicago: Moody Press, and New York: Loizeaux Brothers, Inc., 1970.

Graystone, Kenneth. *The Johanine Epistles.* New Century Bible Commentary series. Grand Rapids: Wm. B. Eerdmans Publishing Co., and London: Marshall, Morgan & Scott, 1984.

A Greek-English Lexicon of the New Testament. By C. G. Wilke. Revised by C. L. Wilibald Grimm. Translated, revised and enlarged by Joseph Henry Thayer, 1889.

Guthrie, Donald. *New Testament Introduction.* 3 vols. 2nd ed. London: Tyndale Press, 1966.

Harris, W. Hall. "A Theology of John's Writings." In *A Biblical Theology of the New Testament,* pp. 167–242. Edited by Roy B. Zuck. Chicago: Moody Press, 1994.

Hiebert, D. Edmond. "Studies in 3 John." *Bibliotheca Sacra* 144:573 (January–March 1987):53–65; 574 (April-June 1987):194–207; 575 (July-September 1987):293–304.

Hodges, Zane C. "3 John." In *The Bible Knowledge Commentary: New Testament*, pp. 911–15. Edited by John F. Walvoord and Roy B. Zuck. Wheaton: Scripture Press Publications, Victor Books, 1983.

International Standard Bible Encyclopedia. Edited by James Orr. 1957 ed. S.v. "John, The Epistles of," by R. Law.

Lange, John Peter, ed. *Commentary on the Holy Scripture*. 12 vols. Reprint ed. Grand Rapids: Zondervan Publishing House, 1960. Vol 12: *James-Revelation*, by J. P. Lange, J. J. Van Osterzee, G. T. C. Fronmuller, and Karl Braune. Enlarged and edited by E. R. Craven. Translated by J. Isidor Mombert and Evelina Moore.

Lenski, Richard C. H. *The Interpretation of the Epistles of St. Peter, St. John and St. Jude*. Reprint ed. Minneapolis: Augsburg Publishing House, 1961.

Leonhard, Barbara. "Hospitality in Third John." *The Bible Today* 25:1 (January 1987):11–18.

Marshall, I. Howard. *The Epistles of John*. New International Commentary on the New Testament series. Reprint ed. Grand Rapids: Wm. B. Eerdmans Publishing Co., 1984.

McNeile, A. H. *An Introduction to the Study of the New Testament*. 2nd ed. Revised by C. S. C. Williams. Oxford: Clarendon Press, 1965.

Mitchell, John G. *Fellowship*. Portland: Multnomah Press, 1974.

Morgan, G. Campbell. *Living Messages of the Books of the Bible*. 2 vols. New York: Fleming H. Revell Co., 1912.

Motyer, Stephen. "The Third Epistle of John: The Cost of Walking in the Verdad." *Evangel* 5:4 (Winter 1987):6–9.

Moulton, James Hope, and George Milligan. *The Vocabulary of the Greek Testament Illustrated from the Papyri and Other Non-Literary Sources*.

1930; reprint ed., Grand Rapids: Wm. B. Eerdmans Publishing Co., 1974.

Ogilvie, Lloyd Juan. *When God First Thought of You*. Waco: Word Books, 1978.

Robertson, Archibald Thomas. *Word Pictures in the New Testatment*. 6 vols. Nashville: Broadman Press, 1931.

Ryrie, Charles C. "The Third Epistle of John." In *The Wycliffe Bible Commentary*, pp. 1483-85. Edited by Charles F. Pfeiffer and Everett F. Harrison. Chicago: Moody Press, 1962.

Smalley, Stephen S. *1, 2, 3 John*. Word Biblical Commentary series. Waco: Word Books, 1984.

Stott, John R. W. *The Epistle of John*. Tyndale New Testament Commentaries series. Grand Rapids: Wm. B. Eerdmans Publishing Co., 1964.

Thiessen, Henry Clarence. *Introduction to the New Testament*. Grand Rapids: Wm. B. Eerdmans Publishing Co., 1962.

Westcott, Brooke Foss. *The Epistles of St. John*. 1883. Reprint ed. England: Marcham Manor Press, 1966.

Wilkin, Robert N. "He Who Does Good Is of God (3 John 11)." *Grace Evangelical Society News* 5:9 (September 1990):2.

Más sobre la serie *Notas de fe*

Los comentarios del Dr. Thomas Constable han ayudado a miles de personas comprender la enseñanza de la Biblia. En cada libro de serie de *Notas de fe*, encontrarás tesoro tras tesoro de información para ayudarte entender a Dios y su propósito para tu vida. La serie lleva a los lectores en una aventura a través de la historia descubriendo lo que el texto significa a sus lectores originales. En fácil-de-entender idioma Dr. Constable cuidadosamente saca aplicación de vida real para los creyentes de hoy.

Dr. Constable conecta los puntos entre otros pasajes de escritura y nos recuerda como la escritura hermosamente interpreta otras partes de la escritura. *Notas de fe* es el último comentario bíblico que necesitarás. Cada libro contiene:

Trasfondo histórico—Completo con una cronología de eventos y mapa de la configuración del libro, Dr. Constable nos ofrece un trasfondo útil para entender el contexto.

Mensaje principal—Cada libro ofrece a los lectores un alto nivel de resumen del mensaje principal del escritor, explicando el énfasis e ímpetu por escribir.

Exposición sensata—El verso por verso comentario se sumerge en los detalles sobre cada verso. Dr. Constable considera puntos de vista de otros eruditos, citando frecuentemente teólogos bien conocidos. Él se profundiza en textos discutibles, tratando justamente con cada punto de vista.

La serie Notas de fe nació a través de las populares notas bíblicas del Dr. Constable. Por años los estudiantes del Dr. "C" en Dallas Theological Seminary han dependido de estas notas comprensivas. Después de recibir muchas peticiones, el comenzó a publicar sus notas en **www.SonicLight.org**.

Sobre el autor:

El Dr. Thomas Constable enseño como profesor durante cuarenta y cinco años en Dallas Theological Seminary, sirviendo principalmente en el departamento de la Exposición de la Biblia. En 1968, el fundó la iglesia, Plano Bible Chapel (en Plano, Texas) y por doce años, él ha conducido como líder en la iglesia. El continúa laborando como anciano en PBC.

El Dr. Constable ha escrito un comentario para cada libro de la Biblia y también incluye actualizaciones de estas extensas notas de fe cada año. Cuando él no está escribiendo o estudiando la palabra de Dios, el disfruta de la jardinería y le gusta mirar PBS en la televisión con su esposa Mary. El "Dr. C" vive en Plano, Texas con Mary.

Títulos de los Libros de
Dr. Constable
Nuevo Testamento

El rey:	Un comentario bíblico de Mateo
El siervo:	Un comentario bíblico de Marcos
El buscador:	Un comentario bíblico de Lucas
El revelador:	Un comentario bíblico de Juan
El vencedor:	Un comentario bíblico de el Apocalipsis
La misión:	Un comentario bíblico de Hechos
El plan:	Un comentario bíblico de Romanos
La ciudad:	Un comentario bíblico de 1 Corintios
La iglesia:	Un comentario bíblico de 2 Corintios
Liberados:	Un comentario bíblico de Gálatas
Revelados:	Un comentario bíblico de Efesios
Esculpidos:	Un comentario bíblico de Filipenses
Perfeccionados:	Un comentario bíblico de Colosenses
El regreso:	Un comentario bíblico de 1 y 2 Tesalonicenses
El pastor:	Un comentario bíblico de 1 y 2 Timoteo
El gerente:	Un comentario bíblico de Tito
El hermano y el aviso:	Un comentario bíblico de Filemón y Judas
Supremacía:	Un comentario bíblico de Hebreos
Integridad:	Un comentario bíblico de Santiago
Tenacidad:	Un comentario bíblico de 1 y 2 Pedro
Intimidad:	Un comentario bíblico de 1, 2, y 3 Juan